ŒUVRES COMPLÈTES

DE

SIR WALTER SCOTT,

Traduction Nouvelle.

PARIS,

A. SAUTELET ET Cⁱᵉ ET CHARLES GOSSELIN

LIBRAIRES-ÉDITEURS.

M DCCC XXVII.

H. FOURNIER IMPRIMEUR.

ŒUVRES COMPLÈTES

DE

SIR WALTER SCOTT.

—

TOME TRENTE-SIXIÈME.

IMPRIMERIE DE H. FOURNIER,

RUE DE SEINE, N° 14.

LE MONASTÈRE.

TOME PREMIER.

(The Monastery.)

ÉPITRE

SERVANT D'INTRODUCTION

DU CAPITAINE CLUTTERBUCK,

DU — RÉGIMENT D'INFANTERIE,

A L'AUTEUR DE WAVERLEY.

MONSIEUR,

QUOIQUE je n'aie pas le plaisir de vous connaître personnellement, cependant, comme tant d'autres qui, à ce que je crois, vous sont aussi étrangers que moi, je prends intérêt à vos publications, et j'en désire la continuation. Ce n'est pas que je prétende avoir beaucoup de goût en fait de fiction, ou que je sois facilement touché par vos scènes graves, ou amusé par celles où vous voudriez être comique ; je ne vous dissimulerai même pas que la dernière entrevue de Mac-Ivor avec sa sœur (1) m'a fait bâiller, et que je me suis complètement endormi, tandis que notre maître d'école nous

_____

(1) *Flora* dans *Waverley*. — Éd.

lisait les facéties de Dandie Dinmont (1). Vous voyez
donc, monsieur, que je ne cherche pas à vous faire la
cour ; et si les pages que je vous envoie ne valent rien,
je ne tâcherai pas d'en relever le mérite en l'assaison-
nant de flatteries, comme le cuisinier qui veut faire passer un vieux poisson par l'artifice d'une sauce au beurre
rance. Non, monsieur ! ce qui me plaît en vous, c'est
la lumière que vous avez jetée quelquefois sur les antiquités nationales, étude que j'ai commencée un peu
tard, mais à laquelle je me suis dévoué avec toute l'ardeur d'un premier amour, parce que c'est la seule qui
ait jamais eu quelque attrait pour moi.

Avant de vous donner l'histoire de mon manuscrit,
il faut que je vous conte la mienne. Elle ne remplira pas
trois volumes ; et, comme habituellement vous mettez
en tête de chaque division de votre prose quelques vers
(en guise d'escarmouche, je suppose), le hasard m'a
fait tomber sur l'exemplaire de Burns que possède
notre maître d'école, et j'y ai recueilli une stance qui
me va exactement. Je la trouve d'autant plus de mon
goût, que Burns l'avait composée pour le capitaine Grose,
savant antiquaire, quoiqu'il fût comme vous un peu
trop sujet à traiter légèrement les objets de ses recherches :

On prétend qu'il fut militaire
Et toujours le premier au feu ;
Mais depuis lors à sa rapière
Un matin il a dit adieu,
Pour devenir un antiquaire.
C'est, je crois, le nom du métier !....
. . . . (2).

(1) Dans l'*Antiquaire.* — Éᴅ.

(2) Ces vers sont extraits de la pièce intitulée : *Sur le pèlerinage*

Je n'ai jamais pu concevoir ce qui m'a déterminé dans le choix d'une profession dans ma première jeunesse, ni ce qui me fit insister pour entrer dans les fusiliers écossais, quand mes tuteurs et curateurs voulaient faire de moi un *apprenti* dans l'étude du vieux Davids-Style, procureur à Édimbourg. Ce n'était pas enthousiasme militaire, car je n'étais pas querelleur, et je ne me souciais nullement de lire l'histoire des héros qui ont mis le monde sens dessus dessous. Quant au courage, j'en avais, comme je l'ai découvert ensuite, justement ce qu'il en fallait, et pas un grain de plus. Je vis d'ailleurs que, dans une action, on courait plus de danger en fuyant qu'en faisant face à l'ennemi. Enfin, n'ayant que ma commission (1) pour tout moyen d'existence, je ne pouvais m'exposer à la perdre. Mais, quant à cette bouillante valeur dont j'ai entendu parler à plusieurs des nôtres, quoique je n'aie jamais vu qu'ils aient été sous son influence au moment d'une affaire ; quant à cette audace impatiente qui courtise le danger comme une belle, j'avoue que mon courage à moi était d'un tempérament beaucoup moins enthousiaste.

du faux capitaine Grose en Écosse, à la recherche des antiquités, dont est tirée aussi l'épigraphe générale des *Contes de mon Hôte.* Burns plaisante le capitaine sur ses études, ses savantes élucubra-- tions et ses ouvrages : il trace un portrait burlesque de M. Grose avec une liberté qu'un ami seul pouvait se permettre. Il menace de ses visites les sorcières et les apparitions des vieux édifices, et décrit son cabinet, où l'on trouve *l'oreille* de l'âne de Balaam, les pin-- cettes de Tubalcain, le manche à balai de la sorcière d'Endor, le *philibeg* d'Adam, le *couteau* qui coupa le cou d'Abel, etc. etc. On voit quel rapport le capitaine Clutterbuck peut trouver entre sa proposition et celle du capitaine Grose. — Éd.

(1) Son grade (style anglais). — Éd.

Ce n'était pas non plus l'envie de porter un habit rouge, envie qui, pour quelques bons soldats qu'elle a produits, en a fait tant de mauvais. Je n'aurais pas donné une épingle pour la compagnie des jeunes demoiselles; bien plus, quoiqu'il y eût dans le village un pensionnat, dont les jolies élèves devenaient mes condisciples, une fois la semaine, aux exercices de Simon Lightfoot, je ne me souviens pas qu'elles aient jamais excité en moi de fortes émotions, excepté le regret que j'éprouvais à offrir à ma partner l'orange que ma tante mettait dans ma poche à cet effet, et que j'aurais gardée pour mon usage particulier si je l'avais osé. Quant à l'amour de la parure en elle-même, j'y étais si étranger, que ce n'était pas sans peine que je me décidais à brosser mon uniforme avant d'aller à la parade; et je n'oublierai jamais ce que me dit mon vieux colonel un matin que le roi passa en revue la brigade dont nous faisions partie : — Enseigne Clutterbuck, je ne suis pas pour les extravagances; mais, au nom du ciel, pour me présenter devant le souverain du royaume, je voudrais au moins mettre une chemise blanche !

N'éprouvant donc l'influence d'aucun des motifs qui engagent la plupart des jeunes gens à prendre le parti des armes, et n'ayant pas la moindre inclination pour devenir un héros ou un Dandy, je ne sais réellement à quoi attribuer le choix que je fis de l'état militaire, si ce n'est à la vue de l'heureuse indolence à laquelle se livrait, grace à sa demi-paye, le capitaine Doolittle (1), qui avait arboré son pavillon de repos dans le village où

(1) Si les noms propres se traduisaient, nous l'appellerions en français le capitaine Fait-peu-de-chose, Fainéant. — ÉD.

je demeurais. Tous les autres avaient ou semblaient
avoir quelque chose à faire. Ils n'allaient point, il est
vrai, à l'école apprendre une leçon, ce qui, à mon avis,
était le plus grand des maux, mais, tout jeune que
j'étais, je voyais fort bien qu'ils avaient tous plus ou
moins d'occupation, tous, excepté le capitaine Doolittle. Le ministre avait à visiter sa paroisse et à préparer ses sermons, quoique sur ces deux points il fît souvent plus de bruit que de besogne. Le laird avait à
surveiller sa ferme et ses champs, et à assister aux
assemblées des administrateurs de paroisse, de la lieu-
tenance du comté, des constables, des juges de paix et
autres (1). Il se levait avant le jour, ce que je n'ai jamais aimé; il lui fallait courir les champs et supporter
le vent et la pluie en plein air. Le marchand (car il n'y
en avait qu'un seul dans le village qui méritât ce nom)
paraissait assez à l'aise derrière son comptoir; mais,
quand une pratique arrivait, il fallait qu'il remuât toute
sa boutique pour trouver une aune de mousseline, une
souricière, une once de carvi (2), un cent d'épingles,
les sermons de M. Peden, ou la vie de Jack le Dompte-
Géans et non le Tueur-de-Géans, comme on le dit et
l'écrit à tort généralement (3). (Voyez mon Essai sur

(1) Ce sont les différentes assemblées où l'on discute les taxes
locales et les intérêts d'un canton, sous la présidence du *vice-lieu-
tènant,* espèce de sous-préfet, du premier constable, etc. Nous
avons en France nos conseils d'arrondissemens et nos conseils mu-
nicipaux. — Ed.

(2) Les semences de carvi sont confites au vinaigre, et servies en
Angleterre comme condiment. — Éd.

(3) *Jack the Giant-Queller,* (*not killer, etc.*) Conte populaire du
genre de notre *Petit Poucet.* — Éd.

la véritable histoire de ce héros, dont les exploits ont
été singulièrement dénaturés par la fable). En un mot,
chacun dans le village était obligé de faire quelque chose
dont il se serait volontiers dispensé, excepté l'heureux
capitaine Doolittle, qui se promenait tous les matins
dans la grande rue, esplanade (1) de notre village, avec
son habit bleu à collet rouge, et qui faisait tous les soirs
une partie de whist, quand il en trouvait l'occasion.
Cette absence totale d'occupation me paraissait si délicieuse, que ce fut probablement l'idée première, selon
le système d'Helvétius, comme dit le ministre, qui détermina mes jeunes talens à se diriger vers la profession
que j'étais destiné à illustrer.

Mais, hélas! qui peut prévoir exactement ce qui l'attend dans ce monde décevant? A peine avais-je em-
brassé mon nouvel état, que je reconnus que si l'indépendance indolente de la demi-paye était un paradis, il
fallait, avant d'y arriver, passer par le purgatoire du
service actif. Le capitaine Doolittle pouvait brosser son
habit bleu à collet rouge ou y laisser la poussière,
comme bon lui semblait; mais l'enseigne Clutterbuck
n'avait pas la liberté du choix : le capitaine pouvait
dormir paisiblement toutes les nuits ; mais l'enseigne
avait sa ronde à faire : Doolittle pouvait rester au lit
jusqu'à midi si cela lui faisait plaisir; mais il fallait que
Clutterbuck fût à la parade au point du jour. Pour un
homme indolent on me fit voir assez de pays; car mon
régiment fut envoyé successivement dans les Indes orien-
tales et occidentales, en Égypte, et en d'autres endroits

---

(1) *The High-mall*, la promenade où l'on jouait au mail jadis.
ÉD.

dont je connaissais à peine le nom. J'eus ensuite affaire aux Français, et mal me prit de les voir, témoin deux doigts de ma main droite, qu'un maudit hussard me coupa d'un coup de sabre comme l'aurait fait un chirurgien d'hôpital. Enfin la mort d'une vieille tante, qui me laissa quinze cents livres sterling bien placées dans les trois pour cent, me fournit l'occasion, après laquelle je soupirais depuis long-temps, de me retirer du service avec la perspective d'avoir quatre fois par mois une chemise blanche à mettre et une guinée à dépenser.

Pour commencer mon nouveau genre de vie, je fixai ma résidence dans le village de Kennaquhair (1), situé dans le sud de l'Écosse, et célèbre par les ruines de son magnifique monastère, espérant, grace à ma demi-paye et à l'héritage de ma tante, y trouver *otium cum dignitate*. Cependant je ne tardai pas à m'apercevoir que, pour bien jouir du repos, il faut qu'il soit précédé par quelque occupation. Pendant un certain temps, l'habitude m'éveillait à la pointe du jour; je croyais entendre battre le réveil. Comme je trouvais alors délicieux de songer qu'il ne fallait plus me lever précipitamment au son d'un maudit tambour, de pouvoir envoyer la parade au diable, et de me rendormir en me tournant sur l'autre côté! Mais cette jouissance même eut un terme; et, quand je fus entièrement maître de mon temps, je commençai à le trouver long.

Je pêchai à la ligne pendant deux jours. Je perdis deux douzaines d'hameçons, je ne sais combien de lignes, et je ne pris pas un goujon. J'allai à la chasse;

---

(1) Melrose. Voyez le 3e volume du *Voyage histor. et littér. en Angleterre et en Écosse.* — ÉD.

mais les bergers, les laboureurs, et jusqu'à mon chien, je crois, s'amusaient à mes dépens quand je manquais mon coup, ce qui, en général, arrivait chaque fois que je tirais. D'ailleurs les gentilshommes campagnards du canton étaient jaloux de leur gibier, et commençaient à parler de me faire un procès. Si j'avais renoncé à combattre les Français, ce n'était pas pour faire une guerre civile contre les — braves du Teviotdale (1); — je passai donc trois jours fort agréablement à nettoyer mon fusil, et je le suspendis sur deux crochets au-dessus de ma cheminée.

Ce dernier essai, dans lequel j'avais parfaitement réussi, me donna du goût pour les arts mécaniques. J'entrepris de nettoyer la pendule à coucou de mon hôtesse; mais ce compagnon du printemps se trouva muet en sortant de mes mains. Je montai un tour, et, en voulant m'en servir, je manquai de m'emporter un des doigts que le hussard français m'avait laissés.

J'eus recours aux livres, tant aux romans du petit cabinet de lecture qu'aux ouvrages plus sérieux que nos concitoyens intelligens se procurent par souscription; mais ni la lecture légère des uns, ni la pénible attention qu'exigent les autres, ne purent remplir mon but. Je m'endormais à la quatrième ou cinquième page d'une histoire ou d'une dissertation, et il me fallait un grand mois pour venir à bout d'un roman en lieux communs. Aussi je recevais des messages de toutes les couturières ayant reçu une demi-éducation, qui me pressaient de finir l'ouvrage intéressant. Enfin, pendant les heures où chacun avait son occupation, je me trou-

(1) Renommés dans la guerre des frontières. — ÉD.

vai tellement oisif, que je n'avais rien de mieux à faire
que de me promener dans le cimetière, et de m'amuser
à siffler jusqu'au dîner.

Pendant ces promenades, les ruines du monastère
attirèrent nécessairement mon attention, et peu à peu
je me laissai entraîner à examiner les détails et le plan
général de ce noble édifice. Le vieux sacristain m'aida
dans mes travaux, et me fit part de tout ce que la tra-
dition lui avait appris. Chaque jour ajoutait au trésor
de mes connaissances sur l'état ancien de ce bâtiment ;
et enfin je fis des découvertes sur la destination que devaient avoir certaines parties du monastère, détachées
du reste de l'édifice et devenues un amas de décombres.

J'avais de fréquentes occasions de rendre ma science
utile aux voyageurs qui, parcourant l'Écosse, venaient
visiter cet endroit célèbre. Sans usurper le droit de mon
ami le sacristain, je devins peu à peu le *cicerone* en
second chargé de faire voir les ruines, et d'y joindre
les explications convenables ; et souvent, quand il avait
reçu la gratification d'une compagnie, s'il en voyait arriver une nouvelle, il me laissait avec la première, et
me faisait un compliment flatteur, en disant : — Qu'ai-je
besoin de vous en dire davantage ? Voici le capitaine
qui en sait plus que moi et plus que personne au monde.
— Alors je saluais les étrangers ; je les frappais d'étonnement par la variété de mes observations critiques sur
les cryptes, les chanceaux, les nefs, les arcades, les
architraves gothiques et saxons, les astragales et les
arcs-boutans. Il arrivait fréquemment qu'une connaissance commencée dans les ruines de l'abbaye se terminait à l'auberge, ce qui faisait diversion à la monotonie

de l'épaule de mouton de mon hôtesse, qu'elle me servait chaude le premier jour, froide le second, et en hachis le troisième.

Avec le temps mon esprit prit un essor plus étendu. Je trouvai deux ou trois livres qui me donnèrent des notions sur l'architecture gothique ; et je lus alors avec plaisir, parce que je prenais intérêt à ma lecture. Je commençai à me faire une réputation ; je parlais avec plus d'assurance au club ; et l'on m'y écoutait avec déférence, parce que, sur un sujet au moins, j'étais plus instruit que les autres. Je pouvais même répéter mes vieilles histoires sur l'Égypte sans lasser la patience de mes auditeurs, et j'avais la satisfaction d'entendre dire : — Le capitaine n'est pas un ignorant, après tout ; personne n'en sait autant que lui sur l'abbaye.

Cette approbation générale, en me donnant le sentiment de mon importance, influa aussi heureusement sur ma constitution. Je mangeais avec plus d'appétit ; je digérais mieux ; je me couchais avec plaisir ; je dormais tout d'un somme ; et, en me levant, j'allais de nouveau mesurer, examiner, comparer quelques parties de cet immense édifice. Au grand regret de l'apothicaire du village, je n'éprouvai plus les douleurs de tête et d'estomac, que je n'avais ressenties, je crois, que faute d'autre occupation. J'en avais trouvé une réelle sans y penser ; et, à mon grand étonnement, j'étais heureux, parce que j'avais quelque chose à faire. En un mot, j'étais.devenu l'antiquaire du lieu, et je n'étais pas indigne de ce nom.

J'étais un soir dans un petit salon attenant à un cabinet que mon hôtesse appelle ma chambre à coucher, et je m'apprêtais à battre en retraite dans les régions

de Morphée : j'avais sur ma table un livre d'architecture, flanqué d'une pinte d'excellente ale de Wander-
hagen et d'un délicieux fromage de Chester, présent,
soit dit en passant, que m'avait fait un honnête citoyen de Londres à qui j'avais expliqué la différence
qui existe entre l'arche gothique et saxonne. Armé
ainsi de pied en cap contre mon ancien ennemi, le
temps, je me préparais, sans me presser, à me mettre au
lit : tantôt lisant une ligne du vieux Dugdale (1), tantôt
buvant un verre d'ale, dénouant un cordon de mes jarretières, puis mangeant un morceau du fromage, en
attendant que l'horloge du village sonnât dix heures,
m'étant fait une règle de ne jamais me coucher plus tôt.
Tout à coup j'entendis frapper à la porte. Un instant
après, je reconnus la voix de l'honnête David, le maître
de l'auberge du *Roi Georges*, disant à mon hôtesse : —
Que diable, mistress Grinslees, le capitaine n'est pas
encore couché ! Je suis chargé de l'inviter à souper de
la part d'un homme comme il faut, qui vient d'arriver chez nous, qui a ordonné une volaille, des
tranches de veau fricassées, et une bouteille de vin de
Sherry, et qui désire avoir quelques explications sur
l'abbaye.

— Non, il n'est pas couché, répondit la mère Grinslees du ton de la matrone écossaise qui sait que dix
heures vont sonner; mais je vous réponds qu'il ne sor-
tira pas à une pareille heure pour se faire attendre
toute la nuit : le capitaine est un homme rangé.

Je compris fort bien que ce compliment était fait

(1) C'était sans doute de l'ouvrage intitulé *Monasticon anglica-
num;* du reste, cet antiquaire a composé un grand nombre d'in-
folio. Il vivait dans le dix-septième siècle. — E.D.

pour que je n'en perdisse pas un mot, et pour m'informer de la conduite que me dictait mon hôtesse; mais je n'avais pas couru le monde pendant trente ans et plus, et vécu garçon toute ma vie, pour venir me mettre dans un village d'Écosse sous le gouvernement du cotillon. J'ouvris donc la porte de ma chambre, et je dis à mon vieil ami David de monter.

— Capitaine, me dit-il, je suis aussi charmé de vous trouver que si j'avais pêché un saumon de vingt livres. Il y a chez nous un voyageur qui ne dormira pas tranquillement cette nuit s'il n'a bu un verre de vin avec vous.

— Vous sentez, David, lui dis-je avec un air de dignité, que je ne puis aller rendre visite à un étranger à une pareille heure, ni accepter une invitation de la part d'un homme que je ne connais point.

— A-t-on jamais vu pareille chose! reprit David avec un juron : un homme qui a ordonné une volaille et une sauce aux œufs, des tranches de veau en fricassée avec un pancake (1) et une bouteille de sherry ! Croyez-vous que je viendrais vous engager à faire compagnie à quelque Anglais qui n'aurait pour souper que des rôties, du fromage et du toddy au rum (2)? C'est un homme comme il faut. La première question qu'il m'a faite a été pour savoir si le pont-levis qui est au fond de l'eau depuis quarante ans existait encore. J'en ai vu les fondemens en faisant la pêche au saumon; et comment diable saurait-il quelque chose sur ce vieux pont si ce n'était un amateur ?

(1) Espèce de crêpe. — Éd.

(2) Mélange de rum et de sucre avec de la muscade pour aromatiser. — Éd.

David étant un *amateur* dans son genre, et de plus un propriétaire et un héritier, était un juge en état d'apprécier tous ceux qui fréquentaient sa maison; je ne pus donc m'empêcher de renouer les cordons de mes jarretières.

—Certainement, capitaine, s'écria David, vous serez bien ensemble; je n'ai jamais vu son pareil depuis le grand Samuel Johnson, lorsqu'il fit son tour en Écosse; et la relation de ce tour est dans mon salon pour l'amusement de mes hôtes; à telles enseignes, que la couverture en est enlevée (1).

— C'est donc un savant que ce monsieur-là, David?

— Sans doute, il a un habit noir ou brun foncé.

Un ecclésiastique peut-être?

Je ne le crois pas, car il a ordonné le souper de son cheval avant de songer au sien.

— A-t-il un domestique?

— Non; mais il a un air qui fait que chacun se trouve porté de cœur à le servir.

— Mais qui peut lui avoir donné l'envie de me voir? Il faut que vous ayez jasé, David. Vous me jetez sur les épaules tous les voyageurs qui descendent chez vous, comme si j'étais chargé de les amuser.

— Que diable vouliez-vous que je fisse, capitaine? Il m'arrive un voyageur qui me demande si je puis lui indiquer un homme instruit, un homme de bon sens, pour lui donner des renseignemens sur les antiquités

(1) *Tour, voyage, etc.* David prononce *tower* tour, tourelle, ce qui fait une sorte d'équivoque. Quant à l'ouvrage lui-même, les Écossais n'en font pas généralement grand cas. Samuel Johnson mêle à des observations très-justes sur l'Écosse quelques plaisanteries ironiques. — Éd.

du village, et notamment sur la vieille abbaye; fallait-il
que je lui fisse un mensonge? Vous savez bien qu'il n'y
a personne qui soit en état d'en parler, si ce n'est vous
et le bedeau, qui est en ce moment ivre comme un
joueur de cornemuse. Si bien que je lui dis qu'il y avait
le capitaine Clutterbuck, homme fort honnête, qui demeurait à deux pas, et qui n'avait guère autre chose à
faire que de raconter toutes les anciennes histoires de la
vieille abbaye.—Monsieur, répondit-il fort civilement,
ayez la bonté d'aller faire mes complimens au capitaine
Clutterbuck, et de lui dire que je suis un étranger qui
n'est venu ici que pour voir ces ruines, et que, s'il
n'avait pas été si tard, j'aurais été moi-même l'engager
à souper avec moi; et il finit par me commander un
souper pour deux. Pouvais-je, moi, aubergiste, me re-
fuser à faire ce qu'il désirait?

—J'aurais voulu qu'il prît une heure plus convenable, David; mais puisque vous m'assurez que c'est
un homme comme il faut.....

—J'en réponds: une bouteille de sherry, des tranches de veau en fricassée, et une volaille à la broche,
cela sent le *gentleman*, je pense! Allons, capitaine, bou-
tonnez-vous bien, la nuit est humide. La rivière s'é-
claircit pourtant; nous serons dessus demain avec les
bateaux de milord (1), et nous aurons bien du malheur
si je ne vous envoie pas un saumon laité pour vous
faire trouver votre ale meilleure en soupant.

Cinq minutes après ce dialogue, j'étais à l'auberge du
Roi Georges, et en présence de l'étranger.

_____

(1) Sans doute le duc de Buccleugh, aujourd'hui propriétaire de
l'abbaye. La rivière dont parle David est la Tweed. — Éd.

C'était un grave personnage, à peu près du même âge que moi, c'est-à-dire d'environ cinquante ans. Son visage était altéré autant par la fatigue et le chagrin que par l'âge, car il laissait deviner qu'il avait beaucoup vu et beaucoup souffert. Il avait un air imposant, mais aimable en même temps, et il me fit avec tant de politesse ses excuses de m'avoir dérangé à une pareille heure, que je ne pus lui répondre qu'en l'assurant de tout le plaisir que j'aurais à lui être utile.

— J'ai voyagé toute la journée, monsieur, me dit-il ; et, me trouvant en appétit, je crois que la première chose que nous ayons à faire, c'est de songer au souper.

Nous nous mîmes à table ; et, malgré l'appétit que l'étranger avait annoncé, et le pain et le fromage dont j'avais garni mon estomac, je fus celui des deux qui fit le plus d'honneur à la volaille et aux tranches de veau en fricassée de mon ami David.

Quand la nappe fut ôtée et que nous eûmes composé chacun un verre de negus avec cette liqueur que les aubergistes appellent sherry et leurs hôtes du Lisbonne (1), je m'aperçus que l'étranger était pensif, silencieux, et qu'il semblait embarrassé, comme s'il avait eu à m'entretenir de quelque sujet qu'il ne savait comment amener. Pour le mettre à l'aise, je lui parlai des ruines du monastère et de leur histoire ; mais, à ma grande surprise, je vis bientôt que j'avais trouvé mon maître. Non-seulement l'étranger savait tout ce que je comptais lui apprendre, mais, ce qui était encore plus

(1) Le *sherry*, vin de Xérès, est plus estimé que le vin de Portugal, et surtout pour faire l'espèce de punch appelé *negus*. — ÉD.

mortifiant, en me citant des dates, des chartres, des
faits auxquels il n'y avait rien à répliquer, comme dit
Burns, il réfuta plusieurs contes que j'avais adoptés
sur des traditions populaires, et anéantit les découvertes que je croyais avoir faites sur la destination qu'a-
vaient eue certains bâtimens complètement ruinés.

Et ici je ne puis m'empêcher de remarquer que, dans
la plupart des argumens, l'étranger s'appuyait sur l'autorité des élucubrations de M. *Deputy*, sous-archiviste
d'Écosse. Cet auteur, par ses recherches infatigables
dans les annales nationales, risque bien de détruire mon
métier et celui de tous les antiquaires de mon espèce,
en substituant la vérité aux légendes et aux romans.
Hélas ! je voudrais que ce savant connût combien il est
difficile pour nous, petits commerçans en antiquités,

De lever un tribut sur nos vieux souvenirs,
D'inventer un roman ou bien une légende.

Je crois que sa pitié serait vivement émue, s'il savait
combien de vieux barbets ont été forcés par lui d'apprendre de nouveaux tours ; à combien de vénérables
perroquets il a imposé l'obligation de chanter une ballade nouvelle ; enfin, combien de têtes grises il a ren-
dues stériles en les obligeant de changer leur ancien
mot de *mumpsimus* pour celui de *sumpsimus*. Mais lais-
sons faire le temps :

Humana perpessi sumus.

Tout change autour de nous, le présent, le passé et
l'avenir ; ce qui était hier de l'histoire devient fable aujourd'hui ; et la vérité d'aujourd'hui sera mensonge
demain.

Me voyant forcé dans le monastère que j'avais regardé jusqu'alors comme ma citadelle, je l'évacuai en
général habile, et je crus faire une retraite honorable
en me jetant sur les antiquités et les familles des environs, terrain sur lequel je croyais pouvoir escarmou-
cher avec avantage ; mais je me trompais encore.

L'homme à l'habit gris de fer savait toutes ces particularités beaucoup mieux que moi. Il savait l'année pré-
cise dans laquelle la famille De Haga s'était établie sur
son ancienne baronnie : il n'y avait pas un thane des environs dont il ne connût l'histoire et la parenté. Il pouvait
dire combien de ses ancêtres avaient péri en portant les
armes contre les Anglais, dans les guerres civiles ou par
les mains de l'exécuteur des hautes œuvres pour cause
de haute trahison. Il connaissait leurs châteaux depuis
la pierre fondamentale jusqu'aux créneaux ; et, quant
aux diverses antiquités dispersées dans le pays, il en
pouvait rendre compte aussi bien que s'il eût vécu dans
le temps des Danois ou des Druides.

Je me trouvai alors dans la situation désagréable d'un
homme qui, venant pour donner une leçon, est obligé
de la recevoir ; et il ne me resta plus qu'à graver dans
ma mémoire tout ce qu'il m'apprenait, afin d'en faire
profiter les autres. Je lui contai pourtant l'histoire du
Moine et de la femme du meunier, d'Allan Ramsay, pour
faire ma retraite avec honneur, à l'abri d'une dernière
décharge ; mais ici je prêtai encore le flanc à l'étranger.

— Vous voulez plaisanter, monsieur, me dit-il ; vous
ne pouvez ignorer que l'anecdote ridicule que vous ci-
tez fait le sujet d'un conte plus ancien que celui d'Allan
Ramsay.

Je fis un signe de tête négatif, ne voulant pas recon-

2.

naître mon ignorance; mais, dans le fait, je ne savais
pas trop ce qu'il voulait dire.

— Je ne veux point parler, continua mon savant in-
terlocuteur, du poëme curieux, extrait du manuscrit de
Maitland, intitulé *les Moines de Berwick*, et publié par
Pinkerton, quoique ce poëme nous offre un tableau
précieux des mœurs écossaises sous le règne de Jacques V; je vous renvoie au conteur italien qui, le premier, si je ne me trompe, a publié cette histoire, em-
pruntée par lui, sans aucun doute, à quelque ancien
fabliau.

— On ne peut pas en douter, répondis-je, ne comprenant pas encore bien la proposition à laquelle je don-
nais un assentiment si hasardé.

— Au surplus, poursuivit l'étranger, si vous aviez
connu mon état et ma profession, je doute que vous
eussiez choisi cette anecdote pour m'amuser.

Quoiqu'il eût fait cette observation sans aigreur, je
crus devoir m'excuser de l'avoir involontairement offensé.

— Je ne le suis nullement, me répondit-il : j'ai été
témoin de trop de persécutions dirigées contre mes
frères pour m'offenser d'un conte frivole inventé contre
ma profession.

— Est-ce donc à un membre du clergé catholique
que j'ai l'honneur de parler?

— A un moine indigne de l'ordre de saint Benoît,
appartenant à une communauté de vos concitoyens
établie depuis long-temps en France, et que la révolution a dispersée.

— Vous êtes donc né en Écosse, et probablement
dans ce voisinage?

— Non, je ne suis Écossais que d'origine, et c'est la première fois que je viens dans ces environs.

— Comment se fait-il donc que vous connaissiez si bien la localité? Vous me surprenez, monsieur.

— J'ai reçu toutes ces informations locales de mon oncle, bon Écossais, homme de la plus grande piété, chef de notre maison; et elles se sont d'autant mieux gravées dans ma mémoire, que j'avais coutume de mettre par écrit tous ces détails que j'obtenais de mon digne parent et d'autres membres de notre ordre.

— Et sans doute, monsieur, vous venez en Écosse dans le dessein d'y fixer votre domicile, puisque la grande catastrophe politique de notre siècle a supprimé votre communauté.

— Non, ce n'est pas mon intention. Un potentat d'Europe qui chérit encore la foi catholique nous a offert une retraite dans ses domaines, et j'irai y rejoindre plusieurs de nos frères qui s'y sont déjà réunis pour prier Dieu de bénir leur protecteur, et de pardonner à leurs ennemis. Dans ce nouvel asile, personne, je pense, ne pourra nous faire l'objection que nos revenus sont en contradiction avec nos vœux d'abstinence et de pauvreté; mais efforçons-nous de remercier Dieu d'avoir écarté de nous le piège des richesses temporelles.

— On dit que plusieurs de vos couvens sur le continent étaient fort riches; mais je doute qu'aucun le fût autant que celui dont les ruines ornent encore ce village. Il jouissait de deux mille livres sterling de revenu net; et les redevances en nature produisaient au moins dix fois cette somme.

— C'était trop, beaucoup trop; et malgré les pieuses intentions des donateurs, cette opulence est ce qui a accéléré la ruine de ces établissemens religieux, en excitant l'envie et la cupidité.

— Mais en attendant, les moines y menaient une joyeuse vie ! et comme dit la chanson.....

> — Ils faisaient leur grand gala
> Le vendredi, jour de jeûne.

— Je vous entends, monsieur ; il est difficile, comme dit le proverbe, de porter une coupe pleine, sans en laisser tomber quelques gouttes. Sans doute la richesse des couvens, en excitant la jalousie, était aussi un piège pour ceux qui les habitaient. Et cependant nous avons vu plusieurs de ces établissemens dépenser leurs revenus non-seulement en simples actes de bienfaisance, mais en travaux d'utilité générale. La superbe collection in-folio des historiens français, commencée en 1737 sous l'inspection et aux frais de la communauté de Saint-Maur, prouvera aux siècles à venir que les bénédictins ne prodiguent pas toujours leurs revenus pour se procurer les jouissances de la vie, et qu'ils ne dormaient pas tous dans l'indolence et la paresse, quand ils avaient rempli les devoirs de leur règle.

Ne connaissant alors ni la congrégation de Saint-Maur, ni ses doctes travaux, je ne pus répondre à ce discours que par un signe d'assentiment. Depuis ce temps j'ai vu ce bel ouvrage dans la bibliothèque d'une famille distinguée ; et je dois avouer que je suis honteux quand je pense que, dans un pays aussi riche que le nôtre, on n'a pas entrepris de former un recueil de nos historiens sur le plan de celui que les bénédictins de Paris ont donné au public à leurs frais (1).

(1) Ce regret a été éloquemment exprimé à la chambre des com-

—Je m'aperçois, continua le bénédictin en souriant, que vos préjugés d'hérétique vous empêchent de nous accorder, à nous autres pauvres moines, aucun mérite même dans les lettres.

—Pardonnez-moi, lui dis-je : je vous assure que j'ai eu plus d'une obligation à des moines. Je n'ai jamais mené une vie plus agréable que pendant que j'étais en quartier d'hiver dans un monastère de la Belgique, pendant la campagne de 1793. Ce fut bien à regret que je me vis obligé d'en sortir, et de laisser mes braves hôtes à la merci des Sans-Culottes ; mais, que voulez-vous ? telles sont les chances de la guerre.

Le pauvre bénédictin gardait le silence, les yeux tristement baissés. J'avais, sans le vouloir, éveillé en lui de pénibles réflexions, ou, pour mieux dire, j'avais ébranlé fortement en lui une corde qui cesait rarement de vibrer d'elle-même. Mais il était trop habitué à ces tristes idées pour s'en laisser abattre. De mon côté, je cherchai à l'en distraire en lui disant que, si son voyage avait pour but quelque objet dans lequel il me serait possible en tout honneur de lui être de quelque utilité, je lui offrais mes services avec grand plaisir. J'avoue que j'appuyai sur le mot en tout honneur ; car je sentais qu'il ne conviendrait pas à un bon protestant, à un serviteur du gouvernement, puisque j'en recevais une demi-paye, de prendre part à quelque recrutement pour les séminaires de l'étranger, ou à tout autre pro-

munes en 1822, par sir James Mackintosh. C'est ici le lieu de faire remarquer, à la gloire de la génération nouvelle, qu'elle a ses Buchon, ses Guizot, ses Thierry, héritiers de la science et des travaux des bénédictins, avec plus de goût et une critique plus judicieuse. — ÉD.

jet en faveur des papistes, qui pouvait être le but de
mon bénédictin, sans examiner si le pape est ou n'est
pas la vieille dame de Babylone dont il est question dans
l'Apocalypse.

Mon nouvel ami se hâta de me tirer d'inquiétude.

— J'allais vous prier, me dit-il, de faciliter mes recherches dans une affaire qui ne peut que vous intéresser
comme antiquaire, et qui n'a rapport qu'à des personnes qui n'existent plus depuis deux siècles et demi.
J'ai trop souffert des bouleversemens du pays où je
suis né, pour prendre jamais une part active à aucune
innovation dans celui de mes ancêtres.

Je l'assurai de nouveau que j'étais disposé à le servir
dans tout ce qui ne serait pas contraire à mes devoirs
envers mon roi et ma religion.

— Je n'ai rien de semblable à vous demander, me
répondit-il : puisse la bénédiction du ciel se répandre
sur la famille qui règne en Angleterre ! Il est vrai qu'elle
n'appartient pas à cette dynastie dont mes ancêtres s'ef-
forcèrent vainement de relever la couronne; mais la
Providence, qui a élevé sur le trône le roi actuel, lui a
donné les vertus nécessaires à son siècle, la fermeté,
l'intrépidité, un véritable amour pour son pays, et la
prudence nécessaire pour écarter les dangers dont il est
entouré. Quant à la religion de ce royaume, je me contente d'espérer que cette puissance infinie, dont les
voies mystérieuses l'ont séparé du sein de l'Église, saura
l'y faire rentrer quand elle le jugera convenable. Les
efforts d'un individu aussi faible, aussi obscur que moi,
ne pourraient que retarder cette grande œuvre au lieu
de l'accélérer.

—Puis-je donc vous demander, monsieur, quel motif vous a amené dans ce pays?

Avant de me répondre, il tira de sa poche une espèce d'agenda, et, approchant une des chandelles, car David, par respect pour l'étranger, nous en avait donné deux, il parut en lire quelques pages avec attention.

— Parmi les ruines de l'aile occidentale de l'église de l'abbaye, me dit-il alors, on doit trouver les restes d'une petite chapelle, jadis couverte d'une voûte soutenue par de magnifiques colonnes gothiques.

— Je crois connaître ce que vous me désignez, lui dis-je : n'y avait-il pas dans le mur de cette chapelle une pierre sur laquelle était gravé un double écusson d'armoiries que personne n'a pu encore deviner.

—Précisément, reprit le bénédictin en consultant son *memorandum*. A droite sont les armes de la famille de Glendinning, et à gauche celles d'Avenel, familles anciennes, et éteintes toutes deux.

— Je pense, lui dis-je, qu'il n'est aucune partie de cet antique édifice que vous ne connaissiez aussi bien que l'ouvrier qui l'a construit; mais si vos renseignemens sont exacts, celui qui vous les a transmis doit avoir eu de meilleurs yeux que les miens.

— Depuis long-temps ses yeux sont fermés par la mort. Probablement quand il visita cet édifice il était en meilleur état, ou peut-être des traditions locales ont été son autorité.

—Je vous assure, lui dis-je, qu'il n'existe plus de ces traditions. J'ai fait plus d'une reconnaissance dans le pays, dans le but d'apprendre quelque chose des vieillards au sujet de ces armoiries; mais je n'ai recueilli aucun trait qui confirme ce que vous me dites; il me paraît bizarre que vous ayez acquis tous ces détails en pays étranger !

— Ces futiles particularités, reprit le bénédictin, avaient jadis plus d'importance. Elles étaient sacrées pour les exilés qui en conservaient le souvenir, parce qu'elles avaient rapport à des lieux qui non-seulement leur étaient chers, mais qu'ils ne devaient plus revoir. Il est possible de même que sur le Potowmac ou la Susquehana on trouve des traditions relatives à l'Angleterre et déjà oubliées dans la mère-patrie. Mais pour en revenir à mon affaire, dans cette chapelle, en face de cette pierre chargée d'armoiries, doit être enseveli un trésor qui est le seul but de mon voyage.

— Un trésor ! m'écriai-je avec surprise.

— Oui, reprit le moine, un trésor inestimable pour ceux qui sauraient en user.

J'avoue que ce mot produisit sur mon esprit une sensation agréable. Je crus voir un élégant cabriolet s'arrêter à la porte du club, un laquais en livrée bleue et écarlate, avec une cocarde sur son chapeau verni, qui s'écriait : — Le tilbury du capitaine Clutterbuck ! — Mais c'était une tentation du malin esprit, et j'y résistai.

— Tous les trésors cachés, dis-je au bénédictin, appartiennent au roi ou au seigneur du sol. Je ne puis me mêler d'une affaire qui me conduirait peut-être à la cour de l'échiquier.

— Le trésor que je cherche, répondit-il en souriant, ne me sera envié ni par les rois ni par les grands du monde. Ce n'est que le cœur d'un homme de bien.

— Je vous comprends ! quelque relique oubliée dans le temps de la réformation ! Je sais quelle valeur atta-

chent les gens de votre religion aux restes des saints. J'ai
vu les trois rois à Cologne !

— Les reliques que je cherche ne sont pas tout-à-fait
de cette nature. Le parent dont je vous ai parlé avait employé son loisir à réunir toutes les traditions relatives
à ses ancêtres, et notamment à rédiger l'histoire de diverses circonstances qui eurent lieu à l'époque où le schisme
commença à s'introduire dans l'église de l'Écosse; et il
prit tant d'intérêt à un Glendinning, héros de son histoire, mort en odeur de sainteté, prieur de ce monastère, que, sachant que son cœur avait été déposé dans
l'endroit que je viens de vous désigner, il fit vœu de le
retirer d'une terre souillée par l'hérésie, et de le transporter dans un pays catholique. Une maladie vint con-
trarier ce vœu, elle fut longue et cruelle; et sur son lit
de mort il me fit promettre de l'accomplir en sa place.
La révolution de France, et les persécutions dont elle
fut suivie, m'empêchèrent de m'en occuper plus tôt,
puisque j'étais errant, sans asile, sans demeure fixe,
mais aujourd'hui que je vais trouver une nouvelle patrie, je veux y transporter le cœur de cet homme vertueux, et le déposer dans l'endroit qui sera un jour mon
tombeau.

—Cet homme doit avoir eu de bien grandes qualités,
pour qu'après un espace de temps si considérable on ait
cru devoir donner à sa mémoire une telle marque de
considération.

— Il sacrifia à l'amitié fraternelle tout ce qu'il avait
de plus cher. Il fit ensuite... Mais vous lirez son histoire.
Je serai charmé de satisfaire votre curiosité, et de vous
témoigner ainsi ma reconnaissance, si vous avez la
bonté de m'aider à exécuter mon projet.

3

Je répondis au bénédictin que, comme les ruines dans lesquelles il s'agissait de fouiller ne faisaient point partie du cimetière actuel, et que d'ailleurs j'étais fort bien avec le sacristain, je ne doutais pas que je ne pusse lui faciliter l'exécution de son pieux dessein.

Là-dessus nous nous souhaitâmes une bonne nuit, et je me chargeai de voir le lendemain le sacristain, qui moyennant une rétribution consentit à la fouille, à la condition qu'il y serait présent, pour voir si l'étranger n'enlèverait aucun objet d'une valeur réelle.

— Il peut emporter des os et des cœurs tant qu'il en voudra, me dit ce gardien des ruines du monastère ; mais s'il se trouve des ciboires, des calices ou quelques vases d'or ou d'argent qui servaient aux papistes, que le diable m'emporte si je souffre qu'il y mette la main !

Il stipula aussi que nos recherches se feraient pendant la nuit, afin de n'exciter ni observations ni scandale.

Ma nouvelle connaissance et moi nous passâmes la journée d'une manière digne de deux amans de la vénérable antiquité. Le matin nous allâmes visiter les ruines magnifiques du monastère ; nous revînmes faire un dîner *confortable* chez David ; nous fîmes ensuite une excursion dans les environs, pour voir certains endroits remarquables par d'anciennes traditions, et la nuit nous retrouva dans les ruines, accompagnés du sacristain qui portait une lanterne sourde et une pioche. Nous foulâmes aux pieds les tombes des morts et les fragmens de cette architecture dont ils avaient espéré que les voûtes protégeraient leurs cendres jusqu'au jugement dernier.

Je ne suis nullement superstitieux, et cependant je ne pouvais me défendre d'une certaine répugnance à rendre à ce moine le service qu'il me demandait ; il y avait quelque chose qui me faisait trembler dans ce projet de troubler le silence sacré de la sépulture à une telle heure et dans un lieu semblable. Mes compagnons étaient exempts de cette impression ; l'étranger par le zèle qu'il mettait à exécuter son projet, et le sacristain, grâce à l'indifférence qu'il devait à l'habitude.

Nous nous trouvâmes bientôt sur le lieu où avait existé la chapelle indiquée par le bénédictin, et qui, suivant lui, avait servi de sépulture à la famille des Glendinning. Le sacristain s'occupa de déblayer le terrain dans un coin que l'étranger lui désigna, et, sous les décombres, la terre se trouva couverte d'une grosse pierre bien conservée.

Si un capitaine à demi-solde avait pu représenter un ancien chevalier des frontières, et un ex-bénédictin du dix-neuvième siècle, un moine magicien du seizième, nous aurions semblé répéter la recherche du grimoire et de la lampe de Michel Scott (1); mais le sacristain eût été de trop dans le groupe. L'étranger, aidé du sacristain, n'était pas encore très-avancé dans ses fouilles, lorsqu'ils rencontrèrent quelques pierres taillées qui semblaient avoir fait partie d'un petit reliquaire, aujourd'hui déplacé et détruit.

— Levez avec précaution, dit le bénédictin, de peur d'endommager l'objet que nous cherchons.

La pierre était lourde ; et, quand elle fut détachée, il fallut tous nos efforts réunis pour la soulever. Le sacristain se mit alors à creuser la terre, et au bout de quelques minutes il nous dit qu'il sentait quelque chose

(1) Allusion au IIe chant du *Lai du Ménestrel.* — ÉD.

qui résistait à la pioche, et qui ne semblait être ni terre ni pierre.

L'étranger se baissa avec empressement pour l'aider.

— Non, non, dit le sacristain, point de partage, tout m'appartient ; et en même temps il tira de la terre une petite cassette de plomb.

— Vous serez bien trompé, mon ami, dit le bénédictin, si vous croyez y trouver autre chose que la poussière d'un cœur humain, dans une seconde boite en porphyre.

J'intervins comme partie neutre ; et, prenant la cassette des mains du fossoyeur, je lui dis que, quand même elle renfermerait un trésor, il n'appartiendrait pas à celui qui l'aurait trouvé. L'endroit étant trop obscur pour examiner notre trouvaille, je proposai de retourner chez David. L'étranger nous pria de prendre les devans, nous assurant qu'il allait nous joindre dans quelques minutes.

Je m'imagine que le vieux Mattocks soupçonna que ces minutes seraient employées à faire de nouvelles découvertes dans les tombeaux, car il se glissa derrière un pilier de la nef pour épier le bénédictin ; mais il revint aussitôt, et me dit à l'oreille que l'étranger était à genoux sur la pierre froide, priant comme un **saint**.

Je revins sur mes pas, et je vis en effet le vieillard dans cette attitude pieuse. Il me parut que sa prière était en latin, le murmure solennel de sa voix était à peine distinct. Une réflexion s'offrit naturellement à mon esprit : combien d'années s'étaient écoulées depuis que cet antique monument n'entendait plus les accens de ce culte pour lequel il avait été élevé à si grands frais !

— Allons, retirons-nous, dis-je à Mattocks, ceci ne nous regarde pas.

— Certes, non, capitaine, répondit Mattocks; cependant y aurait-il du mal à avoir l'œil sur lui? Mon père était maquignon, Dieu fasse paix à son ame! et il me disait qu'il n'avait jamais été trompé dans sa vie, excepté par un Whig de Kilmarnock, qui n'avalait jamais un verre de whisky sans un signe de croix. Je parie que cet étranger est un catholique romain.

— Vous avez deviné, Saunders, lui dis-je. — J'ai vu deux ou trois de leurs prêtres fugitifs qui passèrent par ici il y a une vingtaine d'années. Ils sautèrent comme des fous en voyant les têtes de moines et de religieuses dans le cloître de l'abbaye; il leur semblait saluer d'anciennes connaissances.... (Voyez, il ne bouge pas plus qu'une pierre sépulcrale!) Je n'ai du reste jamais vu de près les catholiques romains, si ce n'est un, et pas davantage; il n'y avait que celui-là au pays, c'était le vieux Jacques du Pend. Vous auriez long-temps suivi Jacques avant de le voir à genoux ici dans la nuit, sur la pierre nue. Jacques préférait une chapelle avec une bonne cheminée : nous avons passé ensemble de joyeux quarts d'heure dans l'auberge là-bas. Quand il mourut en honnête homme, j'aurais voulu l'enterrer, mais quelques gens de sa malheureuse secte vinrent chercher le corps, et l'ensevelirent à leur gré sans doute; je n'aurais pas voulu le taxer trop fort, mort ou vif. Mais chut! voici l'étranger qui vient.

— Éclaire-le avec ta lanterne, Mattocks, lui dis-je. — Monsieur, ce passage est pénible.

— Oui, reprit le bénédictin; je pourrais dire avec un poète qui vous est familier... — Je serais bien surpris s'il disait vrai là-dessus, pensai-je en moi-même. — L'étranger continua :

3.

Que saint François me soit propice !
Que de fois cette nuit j'ai heurté des tombeaux !

— Nous voici hors du cimetière, répondis-je ; nous serons bientôt chez David, où j'espère que nous trouverons un bon feu pour faire gaiement notre ouvrage cette nuit.

Quand nous fûmes arrivés à l'hôtellerie, nous entrâmes dans le petit salon, où Mattocks allait se glisser avec nous assez effrontément, lorsque David le mit dehors par les épaules, maudissant sa curiosité indiscrète qui ne voulait pas laisser ses hôtes tranquilles dans son auberge. Apparemment que David ne se considérait pas lui-même comme un intrus, car il ne quitta point le bord de la table sur laquelle j'avais déposé la boîte de plomb. L'ouverture en fut faite, et il s'y trouva, comme l'étranger l'avait annoncé, une seconde boîte en porphyre qui ne contenait qu'une substance desséchée dont il était impossible de reconnaître la forme ni la couleur malgré les soins qu'on avait pris pour préserver de la corruption ce cœur humain, si c'en était un.

Nous fûmes cependant loin de contredire l'assertion du bénédictin, et David promit le secours de son influence dans le village pour faire taire tous les bruits importuns, et son influence valait celle du bailli. Il nous fit aussi l'honneur d'assister à notre souper, et s'étant arrogé la part du lion, c'est-à-dire deux bouteilles de vin d'Espagne, non-seulement il sanctionna de sa pleine autorité l'enlèvement du cœur par l'étranger, mais je crois qu'il eût autorisé de même l'enlèvement de l'abbaye, sans le bénéfice que son voisinage procurait à son enseigne.

Le bénédictin, ayant ainsi réussi dans l'objet de son

voyage à la terre de ses ancêtres, nous annonça qu'il partirait le lendemain matin, et m'invita à déjeuner avec lui avant son départ.

Je me rendis chez David à l'heure indiquée, et lorsque nous eûmes déjeuné, l'étranger me dit, en me remettant un manuscrit très-volumineux : — Voici, capitaine Clutterbuck, des mémoires originaux du seizième siècle. Ils présentent les mœurs de cette époque sous un point de vue singulier, et, à ce que je crois, intéressant. Je pense que ce serait faire au public anglais un présent qui pourrait lui être agréable. Je vous autorise donc à les faire imprimer, et je désire que vous y trouviez quelque avantage.

Je fis un geste de surprise, et lui fis observer que l'écriture du manuscrit me semblait trop moderne pour qu'il pût être de l'époque qu'il venait d'indiquer.

— Je n'ai pas voulu dire, me répondit-il, que ces mémoires aient été écrits dans le seizième siècle. Je vous dis seulement qu'ils ont été rédigés sur des documens authentiques appartenans à cette époque. Mon oncle a commencé cet ouvrage, et je l'ai terminé, en partie pour m'exercer dans la pratique de la langue anglaise, et en partie pour me distraire dans mes heures de mélancolie. Vous distinguerez aisément ce qui a été écrit par chacun de nous, car la seconde partie, dont je suis l'auteur, n'a pas rapport aux mêmes individus, et se rattache à une époque différente. En prenant les papiers, je lui exprimai un doute ; pouvais-je, en bon protestant, entreprendre ou diriger la publication d'un ouvrage écrit dans l'esprit du papisme ?

— Vous ne trouverez, me dit-il, aucune question de controverse dans ces feuilles, ni aucun sentiment qui

ne puisse être adopté par les honnêtes gens de toutes les
religions. Je me suis souvent répété que j'écrivais pour
une nation malheureusement séparée de la communion
catholique, et j'ai pris toutes mes précautions pour
'n'être pas accusé de partialité; mais si en collationnant
mon histoire avec les sources auxquelles on pourrait
renvoyer le lecteur, et que je vous remets ci-jointes,
si vous trouvez, dis-je, que je me suis montré trop par-
tial envers ma religion, je vous permets de corriger
mes erreurs. J'avoue toutefois que je crains plutôt que
les catholiques ne m'accusent de mentionner des circonstances qui perdirent la discipline, et préparèrent
le grand schisme appelé par vous la réforme; circonstances sur lesquelles j'aurais dû tirer un voile. C'est
même là un des motifs qui me font publier ces papiers
dans un royaume étranger, et par l'intermédiaire d'un
étranger.

A cela je n'avais plus rien à répondre; je ne trouvai à
opposer que mon incapacité de remplir la tâche qu'il
plaisait au bon père de m'imposer; sur quoi il me dit
des choses que ma modestie ne me permet pas de répéter; et il finit par ajouter que, si je continuais à douter
de mes propres forces, je pourrais m'adresser à quelque
vétéran de la littérature, dont l'expérience suppléerait
à ce qui pourrait me manquer. Nous nous séparâmes
avec des témoignages mutuels d'estime, et je n'en ai
plus entendu parler depuis ce temps.

L'immense longueur du manuscrit que j'avais en ma
possession m'épouvantait. J'essayai pourtant à plusieurs
reprises de le lire: mais, par une fatalité inconcevable,
chaque fois que je l'ouvrais, il me prenait une envie de
bâiller, mes yeux se troublaient, et j'étais obligé de

cesser ma lecture. De désespoir, je le portai au club, et
il y obtint un accueil beaucoup plus favorable que je
n'osais l'espérer. On prononça à l'unanimité que c'é-
tait un excellent ouvrage, et que je me rendrais coupable de la plus grande injustice envers notre village si
je ne faisais connaître au public des mémoires qui jetaient un jour si éclatant, si intéressant, sur l'histoire
de l'ancien monastère de Sainte-Marie.

Enfin, à force d'entendre l'opinion des autres, je
commençai à douter de la justesse de la mienne; et, en
vérité, quand notre digne pasteur nous lisait quelques
passages de ce manuscrit d'une voix sonore, je n'avais
guère plus d'envie de dormir que lorsque je l'écoutais
prêcher; tant est grande la différence qui existe entre
lire soi-même un manuscrit dont l'écriture vous arrête à
chaque pas, ou l'entendre lire par un autre. De même
qu'il est bien différent de traverser en bateau une rivière
bourbeuse, ou de la passer à pied en ayant de la boue
jusqu'aux genoux. Il n'en restait pas moins la difficulté
de trouver un éditeur qui se chargeât de revoir l'ouvrage, ce que notre maître d'école assurait être indis-
pensable.

Jamais honneur ne fut si peu brigué. Le ministre aimait la tranquillité du coin de son feu. Le bailli faisait
valoir la dignité de sa place et l'approche de la foire,
comme des motifs qui l'empêchaient de faire le voyage
d'Édimbourg afin d'y prendre des arrangemens pour
l'impression du manuscrit. Le maître d'école se montrait seul plus maniable; et peut-être jaloux de la re-
nommée de Jedediah Cleishbotham, son confrère, il
était assez disposé à se charger de cette besogne : mais
trois fermiers, dont il avait les enfans en pension à rai-

son de vingt livres sterling par an, vinrent à la traverse, et comme une gelée de printemps, leurs remontrances flétrirent les premières fleurs de son ambition littéraire. Il fut donc obligé d'y renoncer.

Dans cette circonstance, monsieur, je m'adresse à vous, par l'avis de notre petit conseil de guerre, ne doutant pas que vous ne consentiez à entreprendre un ouvrage qui a tant de rapport avec ceux qui vous ont déjà fait connaître. Ce que je vous demande, c'est de revoir le manuscrit que je vous envoie, et de le mettre en état d'être imprimé, en y faisant les changemens, retranchemens et additions que vous jugerez convenables. Vous savez qu'il n'y a pas de source qui ne puisse se tarir. Le meilleur corps de grenadiers peut s'user, comme disait notre vieux général de brigade. Quant aux dépouilles de l'ennemi, gagnons d'abord la bataille, et nous en parlerons après. J'espère que vous ne vous offenserez pas de ce que je vous dis : je suis un vieux soldat, peu accoutumé aux complimens. Je puis ajouter que je ne serais pas fâché de marcher de front avec vous, c'est-à-dire de voir mon nom figurer sur le titre à côté du vôtre.

J'ai l'honneur d'être, monsieur, votre très-humble et inconnu serviteur,

CUTHBERT CLUTTERBUCK.

Du village de Kennaquhair, le — avril 18—

À l'auteur de Waverley, etc.

Aux soins de M. John Ballantyne, Hanover-Street, à Édimbourg.

RÉPONSE

DE L'AUTEUR DE WAVERLEY

AU

CAPITAINE CLUTTERBUCK.

MON CHER CAPITAINE,

NE soyez pas surpris que, malgré le ton grave et cérémonieux de votre épître, j'y réponde sur celui de la familiarité. Le fait est que je sais mieux que vous-même quelle est votre origine et quelle est votre patrie. Ou je me trompe fort, ou votre famille respectable vint d'un pays qui a procuré autant de plaisir que de profit à ceux qui ont voyagé avec succès : je veux parler de ces *terres inconnues* qu'on a nommées la province d'Utopie. Bien des gens (qui pourtant boivent du thé et prennent du tabac sans scrupule) en regardent les productions comme des objets d'un luxe frivole et inutile. Elles sont toutefois assez généralement recherchées, et ceux même qui paraissent en public les mépriser et les décrier davantage, se font un plaisir de se les procurer en secret. Le plus grand ivrogne est souvent celui qui paraît le plus choqué de l'odeur des liqueurs spiritueuses, et il est assez ordinaire d'entendre les vieilles filles déclamer contre la médisance.

Les rayons secrets de la bibliothèque de certains hommes fort graves en apparence offenseraient des yeux modestes; et combien — je ne dis pas de sages ni de savans, — mais de gens jaloux de passer pour tels, qui, lorsque la porte de leur cabinet est fermée, qu'ils ont leur bonnet de velours sur les oreilles et les pieds dans leurs pantoufles vertes, — combien seraient surpris occupés à dévorer avidement le roman nouveau, si l'on pouvait s'introduire tout à coup dans leur paisible retraite !

Les vrais sages et les vrais savans dédaignent les précautions, et ouvriront le roman aussi franchement que leur tabatière. Je n'en citerai qu'un exemple, quoique j'en connaisse une centaine. Avez-vous connu le célèbre Watt (1) de Birmingham, capitaine Clutterbuck? Je ne crois pas; et pourtant, d'après ce que je vais vous conter, il n'aurait pas manqué de rechercher une connaissance comme vous. Le hasard me fit un jour rencontrer avec lui en corps ou en ame, peu importe. C'était dans une assemblée où se trouvait une dizaine des lumières de notre Écosse, qui avaient, Dieu sait comme, au milieu d'eux un certain Jedediah Cleish-

---

(1) Le nom de l'homme qui a perfectionné les machines à vapeur est connu du monde entier : on conçoit donc que les Écossais en parlent avec un juste orgueil. Notre siècle a vu trois grands hommes, disent-ils quelquefois : Napoléon, James Watt et Walter Scott.
Éd.

botham. Ce digne personnage, étant venu à Édim‑
bourg pendant les fêtes de Noël, y semblait une espèce
de bête curieuse ou un lion conduit en lesse de maison
en maison, avec les équilibristes, les avaleurs de pierres,
et autres phénomènes *qui font leurs tours dans les sociétés
particulières,* si on le désire.

Dans cette compagnie était M. Watt, cet homme
dont le génie découvrit le moyen de multiplier nos res‑
sources nationales, peut-être même au-delà de ses pro‑
pres calculs, en portant sur la terre les trésors de
l'abime, en donnant au faible bras de l'homme la force
d'un Afrite (1); en commandant aux manufactures de
s'élever, comme la verge du prophète ordonnait aux
sources de jaillir dans le désert; en trouvant enfin les
moyens de se passer du temps et de la marée qui n'at‑
tendent jamais l'homme, et de mettre à la voile sans ce
vent qui défia les menaces de Xerxès lui-même (2).

Ce souverain suprême des élémens, cet observateur
du temps et de l'espace, ce magicien qui par sa ba‑
guette a produit sur le globe un changement dont les
effets, tout extraordinaires qu'ils sont, commencent

(1) Espèce de génie de la mythologie orientale. — Éd.

(2) *Note du capitaine Clutterbuck.*

Probablement l'ingénieux auteur fait allusion à l'adage national :

> *The king said sail,*
> *But the wind said no.*
> Le roi disait : à la voile !
> Le vent rebelle dit : non.

Notre maître d'école (qui est aussi un arpenteur) pense que ce
passage a rapport aux perfectionnemens de la machine à vapeur
par M. Watt. — Éd.

peut-être aujourd'hui seulement à se faire sentir; cet
homme si profond par sa science, si heureux dans la
combinaison des puissances motrices et des nombres,
était non-seulement une des têtes les plus riches en
instruction, mais encore un des meilleurs cœurs du
monde; il était entouré par ces savans Écossais dont
j'ai parlé, gens non moins jaloux de leur gloire et de
leurs opinions que les régimens ne le sont du nom que
leur ont acquis leurs services militaires. Je crois encore
voir et entendre ce que je ne verrai ni n'entendrai
plus. Dans sa quatre-vingt-cinquième année ce vieillard
écoutait avec une attention bienveillante toutes les questions, et s'empressait de satisfaire à tous les renseignemens qu'on lui demandait. Ses talens et son imagination se prêtaient à tous les sujets.

Un savant de la bande était philologiste profond; il lui
parlait de l'origine de l'alphabet comme s'il avait été
contemporain de Cadmus.

Un autre était un célèbre critique; vous auriez cru
que M. Watt n'avait étudié toute sa vie que l'économie
politique et les belles-lettres.

Quant aux sciences, il est inutile d'en rien dire,
c'était là son fort. Eh bien, capitaine Clutterbuck,
quand il conversa avec votre compatriote Jedediah
Cleishbotham, vous auriez juré qu'il avait vécu du
temps de Claverhouse et de Burley, avec les persécu-
teurs et les persécutés, et qu'il était en état de compter
combien de coups de fusil les dragons avaient tirés sur
les puritains fugitifs.

Dans le fait, nous nous aperçûmes qu'aucun roman,
pour peu qu'il fût vanté, n'échappait à sa lecture, et
que le favori des sciences n'était pas moins versé dans

les productions de votre patrie (le pays d'Utopie ci-dessus mentionné). En d'autres termes, une jeune modiste n'avait pas pour les romans une passion plus décidée que lui.

Je ne vois pas d'autre excuse pour citer ce fait, que mon désir de rappeler une soirée délicieuse, et de vous encourager à mettre de côté cette modeste méfiance qui vous fait craindre d'avoir l'air d'entretenir des correspondances avec la terre enchantée de la fiction.

Je veux m'acquitter avec vous pour vos vers avec une citation d'Horace lui-même. J'y ajouterai une paraphrase à votre usage, mon cher capitaine, et à celui de votre petit club, à l'exception de votre curé et du maître d'école, qui sont à même de traduire Horace sans avoir besoin d'aide et sans en détourner le sens.

Ne sit ancillæ tibi amor pudori, etc.

> Toi qui naquis dans le pays des songes,
> Tu peux courtiser sans rougir
> La muse qui préside aux innocens mensonges :
> Avec elle tu peux mentir.
> Le poëme du vieil Homère
> N'est qu'un conte fait à plaisir ;
> Homère fut lui-même un être imaginaire.

Vous voyez donc, mon cher capitaine, que je connais votre pays, et je me permettrai de vous prouver que je ne connais pas moins votre famille. Vous avez cela de commun avec vos compatriotes, que vous cherchez avec le plus grand soin à cacher votre patrie : mais il y a cette différence entre vos concitoyens et les habitans de notre monde plus matériel, qu'un grand nombre des premiers et des plus estimables cherchent à se faire

passer pour habitans des terres de la réalité, comme
un ancien montagnard écossais nommé Ossian, un
moine de Bristol nommé Rowley (1), et beaucoup
d'autres; tandis que ceux des nôtres qui renient leur
patrie sont précisément ceux que cette patrie renierait
volontiers. Les détails dans lesquels vous entrez sur
votre vie et vos services ne nous en imposent point.
Nous connaisons la versatilité des êtres incorporels dont
vous faites partie, versatilité qui leur permet de paraître
sous toutes les formes et sous tous les déguisemens.
Nous les avons vus se montrer sous le cafetan d'un
Persan (2), et sous la robe de soie d'un Chinois (3);
mais de quelque masque qu'ils se couvrent, nous savons
les reconnaître. Et comment nous laisserions-nous tromper par les ruses des habitans de votre pays, quand les
voyages de découvertes qui y ont été faits (4) sont plus
nombreux que ceux des recueils de Purchas et d'Hack-
luyt (5). C'est parmi vous qu'on trouve les plus célèbres
voyageurs par terre et par mer; et pour le prouver il
n'est besoin que de nommer Sindbad, Aboulfouaris et
Robinson Crusoë : voilà de véritables hommes à découvertes! Si l'on avait envoyé de pareils hommes
visiter la baie de Baffin et chercher le passage du

(1) Allusion aux fraudes littéraires de Macpherson et de Chatterton. C'est au moine Rowley que Chatterton attribuait ses poésies.
Voyez sur ces questions de littérature légale les *Mélanges tirés
d'une grande bibliothèque*, par Charles Nodier. — ÉD.

(2) Les *Lettres persanes*. — ÉD.

(3) Le *Citoyen du monde*. — ÉD.

(4) Les *Voyages imaginaires*. — ÉD.

(5) Recueils de voyages dans le genre de celui de l'abbé Prévôt.
ÉD.

nord-ouest, que de découvertes n'aurait-on pas pu se
promettre! Mais nous lisons les faits nombreux et extraordinaires des habitans de votre pays, et nous ne
pensons pas à les imiter.

Je m'aperçois que je m'écarte de mon but, qui était
de vous prouver que je connais parfaitement votre famille. Vous n'êtes pas né d'une femme, si ce n'est dans
ce sens figuré où l'on peut dire que Marie Edgeworth (1)
est mère de la plus jolie famille d'Angleterre. Vous
avez les mêmes parens que les éditeurs du pays d'Utopie,
espèce de gens pour qui j'ai la plus haute estime, et à
bien juste titre, puisqu'on trouve parmi eux le sage Cid
Hamet Benengeli, et le président à courte face du club
du Spectateur (2), qui ont servi d'introducteurs à des
ouvrages qui ont charmé nos loisirs.

Ce que j'ai remarqué de particulier dans les éditeurs
de la classe dans laquelle je prends la liberté de vous
enrôler, c'est l'heureuse combinaison de circonstances
fortuites qui les mettent ordinairement en possession
des ouvrages qu'ils ont la bonté d'offrir au public. L'un
se promène sur le bord de la mer, et une vague com-
plaisante jette à ses pieds une petite cassette cylindrique
qui contient un manuscrit fort endommagé par l'onde

---

(1) Auteur d'Ormond, d'Harrington, des Scènes de la vie du
grand monde, etc. — Tr.

(2) C'est dans son 17e numéro que le Spectateur, faisant son
portrait, avoue que malheureusement son visage est trop court
pour sa largeur, et qu'il a eu beau laisser pousser sa barbe pour
allonger son menton, il a fini par prendre son parti sur un malheur sans remède. Ses correspondans familiers l'appellent quelquefois *Dear short face*, chère Courte-Face. — Éd.

4.

amère, et qu'il parvient pourtant à déchiffrer (1).
L'autre entre dans une boutique pour acheter une
livre de beurre, et le papier qui l'enveloppe est l'ouvrage
d'un cabaliste (2). Un troisième est assez heureux pour
obtenir d'une femme qui loue des chambres un bureau
qui a appartenu à un de ses locataires, et il trouve dans
un tiroir les papiers les plus curieux (3). Chacun de ces
événemens est certainement possible, mais je ne sais
comment il se fait qu'il n'en arrive guère de semblables
qu'aux éditeurs de votre pays. Je puis répondre, du
moins quant à ce qui me concerne, que dans mes promenades solitaires sur le bord de la mer je n'ai jamais
trouvé que quelques herbes marines, et de temps en
temps un mauvais coquillage ; que mon hôtesse ne m'a
jamais donné d'autres manuscrits que ses maudits mémoires, et que la découverte la plus intéressante que
j'aie jamais faite a été celle d'une page d'un de mes romans qui enveloppait une once de tabac. Non, capitaine, ce n'est point à des hasards fortuits que j'ai dû
les moyens d'amuser le public. Je me suis enterré dans
des bibliothèques pour extraire des sottises contenues
dans une foule de vieux ouvrages peut-être de nouvelles sottises qui devenaient ma propriété. J'ai dévoré
maints volumes si indéchiffrables, qu'ils pouvaient
passer pour les manuscrits cabalistiques de Cornélius
Agrippa, quoique je n'aie jamais vu

(1) Histoire d'Automathès. — Éd.
(2) Aventures d'une guinée *.
(3) Aventures d'un atome. — Éd.

* Voyez sur cet ouvrage la Vie de Johnstone faisant partie de la *Biographie
des Romanciers célèbres*, par Walter Scott. — Éd.

Porte s'ouvrir et le diable arriver (1).

Mais je jetais le trouble et l'effroi parmi les nombreux habitans paisiblement domiciliés depuis long-temps sur les rayons témoins de mes recherches.

Le ver tremblait d'effroi : l'intrépide araignée ,
Reculant dans son fort , frémissait indignée.

De ce docte sépulcre je sortais comme le magicien des contes persans après son séjour d'un an dans la montagne, non pas pour m'élever comme lui au-dessus des têtes de la multitude, mais pour me mêler dans la foule, pour me frayer un chemin dans toutes les sociétés, depuis la plus haute jusqu'à la plus basse, ayant à supporter le mépris, ou, ce qui est encore pire, la condescendance protectrice des uns, et la familiarité vulgaire des autres. Et pour tout cela, me direz-vous? Afin de recueillir des matériaux pour un de ces ouvrages dont un heureux hasard gratifie si souvent vos concitoyens, c'est-à-dire pour écrire un roman qui puisse plaire au public. — O Athéniens, combien il faut travailler pour mériter vos éloges?

Je pourrais m'arrêter ici, mon cher Clutterbuck, cette fin de lettre aurait un effet touchant, et un air de déférence couvenable pour notre cher public, mais je

(1) Voyez la ballade de Southey sur le jeune homme qui lut dans un grimoire *.

* C'est en l'absence de Cornelius Aggripa que la femme imprudente et discrète de ce grand magicien laisse un jeune homme lire dans un grimoire dont les caractères étaient écrits avec une encre de sang, et sur du papier fait avec des peaux de morts. — ÉD.

ne veux pas vous tromper, quoique le mensonge (excusez l'observation) soit la monnaie courante de votre pays. La vérité est que j'ai étudié et vécu ainsi pour satisfaire ma propre curiosité et passer le temps, et quoique le résultat en ait été que, sous une forme ou sous une autre, j'aie paru souvent sous les yeux du public, peut-être plus souvent que la prudence n'aurait dû me le permettre, je ne puis cependant en réclamer la faveur qu'il doit accorder à ceux qui consacrent leurs loisirs et leurs travaux à l'instruction et à l'amusement des autres.

Après vous avoir ouvert mon cœur avec liberté, mon cher capitaine, il me reste à vous dire que j'accepte avec gratitude votre proposition, et le manuscrit de votre bénédictin qui, comme il vous l'a fait observer avec raison, se divise en deux parties, dont le sujet, l'époque, le lieu de la scène et les personnages n'ont aucun rapport entre eux. Mais je suis fâché de ne pouvoir contenter votre ambition littéraire en permettant à votre nom de paraître sur le titre de cet ouvrage, et je vous en dirai franchement la raison.

Les éditeurs de votre pays sont d'un caractère si doux et si passif, qu'ils se sont souvent fait grand tort à eux-mêmes en abandonnant les coadjuteurs qui les avaient fait connaître du public et qui leur en avaient obtenu les bonnes graces, et en laissant usurper leur noms par des charlatans et des imposteurs qui vivent aux dépens des idées des autres. Ainsi j'ai honte de dire comment le sage Cid Hamet Benengeli se laissa déterminer par un certain Juan Avellaneda à traiter de Turc à Maure l'ingénieux Michel Cervantes, et à publier une seconde partie des aventures de son héros, le fameux Don Quichotte, sans la connaissance et la participation du véritable père de ce brave chevalier. Il est vrai que le sage Arabe rentra dans le devoir, et publia ensuite une véritable continuation de cet ouvrage dans laquelle ledit Avellaneda de Tordesillas est sévèrement châtié. Mais, malgré l'amende honorable faite ainsi par Cid Hamet Benengeli, sa défection temporaire n'en occasiona pas moins le décès du pauvre chevalier de la Manche, si l'on peut regarder comme mort celui dont la mémoire est immortelle. Cervantes le mit à mort de peur qu'il ne tombât en de mauvaises mains; conséquence terrible, mais juste, de la défection de Cid Hamet (1).

Pour citer un exemple plus moderne et beaucoup moins important, je suis fâché d'avoir à vous dire que mon ancienne connaissance Jedediah Cleishbotham lui-même s'est oublié jusqu'à abandonner son premier patron, et à vouloir voler de ses propres ailes (2). Je crains que le pauvre maître d'école de Gander-Cleugh ne gagne que bien peu de chose avec ses nouveaux alliés, si ce n'est le plaisir d'amuser le public des querelles sur son identité (3).

(1) On sait que ce fut en effet un des grands chagrins de Cervantes, de voir une prétendue continuation de *Don Quichotte* lui être faussement attribuée par Avellaneda de Tordesillas. — Éd.

(2) Allusion à un mauvais roman intitulé *le Château de Ponte-fract*, et publié comme suite des *Contes de mon Hôte.* — Tr.

(3) Je suis positivement assuré que M. Cleishbotham est mort il y a quelques mois à Gander-Cleugh, et que la personne qui a pris son nom est un imposteur. Le véritable Jedediah a fait une fin chrétienne et édifiante; on assure même qu'ayant envoyé chercher un ministre caméronien lorsqu'il se vit *in extremis*, il fut assez heureux pour convaincre le bonhomme qu'après tout il ne désirait nullement exciter une nouvelle insurrection dans l'Écosse.

Faites donc attention, capitaine, que devenu sage d'après ces grands exemples, je veux bien vous recevoir pour associé, mais seulement en commandite. Je ne vous donne pas le droit de signature dans la société que nous allons former, et j'estampillerai tous mes effets, afin, comme me le dit mon procureur, que ce soit un crime de les contrefaire, aussi bien que d'imiter le cachet de tout autre charlatan. Si donc, mon cher ami, votre nom paraît jamais sur le titre de quelque ouvrage sans la sanction du mien, les lecteurs sauront ce qu'ils doivent penser de vous. Je n'ai pas dessein de vous faire de menaces, mais vous devez sentir que m'étant redevable de votre existence littéraire, il faut que vous soyez entièrement à ma disposition. Je puis, à volonté, vous priver de la succession de votre tante, supprimer votre demi-paye, même vous mettre à mort, sans en être responsable vis-à-vis qui que ce soit. Ce langage est clair pour un homme qui a fait la guerre, mais je suis sûr que vous ne le prendrez pas en mauvaise part.

Nos lecteurs s'impatientent peut-être d'attendre depuis si long-temps à la porte sans qu'elle s'ouvre. Il est temps de les satisfaire. Adieu donc, mon cher capitaine; faites mes complimens au ministre, au bailli, au maître d'école, et à tous les respectables membres du club de

---

Il est bien dur que les spéculateurs en librairie ne veuillent pas laisser reposer tranquillement un brave homme dans sa tombe *.

* Quoique sir Walter Scott semble ne traiter qu'en plaisantant l'auteur de *Pontefract* d'imposteur, il perce dans son ironie un véritable mécontentement. Il faut avouer que s'il est une supercherie contre laquelle le public ait droit de se révolter, c'est celle qui outrage les hommes de talent en exploitant leurs noms pour servir de passe-ports à des productions indignes d'eux. L'incognito de Walter Scott étant aujourd'hui trahi par lui-même, toute excuse est enlevée à ceux qui voudraient encore faire des *Châteaux de Pontefract*. — Éd.

Kennaquhair. Je n'ai jamais vu et je ne verrai jamais un seul d'entre eux, et cependant je crois les connaître mieux que qui que ce soit. Je vous présenterai bientôt à mon joyeux ami M. John Ballantyne (1), que vous trouverez encore tout échauffé de la querelle qu'il vient d'avoir avec un de ses confrères (2). Que la paix règne entre eux ! Le *genus irritabile* est applicable à ceux qui vendent des livres aussi bien qu'à ceux qui en composent. Adieu encore une fois.

L'AUTEUR DE WAVERLEY.

(1) Éditeur d'Édimbourg qui a imprimé tous les romans de sir Walter Scott. — TR.

(2) Relativement au roman intitulé *le Château de Pontefract.*
TR.

LE MONASTÈRE.

(The Monastery.)

CHAPITRE PREMIER.

> « C'est aux moines qu'on doit la superstition,
> » La nuit des préjugés et des erreurs grossières
> » Qui couvrit si long-temps les siècles de nos pères.
> » — Je bénis comme vous la bienfaisante main
> » Qui de tous ces fléaux purgea le genre humain :
> » Mais sur les moines seuls en rejeter la cause,
> » C'est à quoi ma raison trop fortement s'oppose.
> » Je croirais aussi bien que Molly Warburton,
> » Traversant cette nuit les airs sur un bâton,
> » Causa l'orage affreux qui gronda sur nos têtes. »
>
> *Ancienne comédie.*

Le village auquel le manuscrit du bénédictin donne le nom de Kennaquhair porte la même terminaison celtique qu'on trouve dans Traquhair, Caquhair et

5

d'autres mots composés. Le savant Chalmers (1) prétend que le mot *quhair* signifie les sinuosités d'une rivière ; et les nombreux détours que fait le Tweed près
du village dont nous parlons rendent cette étymologie
assez vraisemblable. Il a été long-temps célèbre par le
superbe monastère de Sainte-Marie, fondé par David Ier,
roi d'Écosse, sous le règne duquel s'élevèrent aussi les
couvens non moins riches de Melrose, de Jedburgh et
de Kelso. Les domaines considérables que ce monarque
accorda à ces divers établissemens religieux lui firent
donner le titre de saint par les moines qui écrivirent les
chroniques de ce temps, et firent dire à un de ses des-
cendans appauvris, — qu'il avait été un triste saint
pour la couronne. —

On peut cependant présumer que David, qui était un
souverain aussi sage que pieux, ne se détermina pas
seulement par des motifs de religion à ces grands actes
de munificence envers l'Église, mais que des vues poli-
tiques se joignirent à sa généreuse piété. Ses possessions
dans les comtés de Northumberland et de Cumberland
étaient devenues très-précaires après la perte de la bataille de l'Étendard (2) : menacé de voir la vallée de
Teviot devenir la frontière de son royaume, il voulut
mettre à l'abri des fureurs de la guerre une partie des

(1) Dans son ouvrage intitulé *Calédonie.* — ÉD.

(2) Ce fut en 1136 que David Ier fit une incursion en Angleterre, et pénétra jusque dans le Yorkshire ; il fut défait à Nor-
thallerton, et cette bataille fut nommée la bataille de l'Etendard,
à cause d'un grand crucifix que les Anglais portaient pour étendard. Il est des chroniqueurs qui prétendent que cet étendard auquel l'Angleterre fut redevable de la victoire, était la bannière du
grand saint Cuthbert. — ÉD.

beaux domaines qui y étaient situés, en les plaçant
entre les mains des moines, dont les propriétés furent
long-temps respectées par tous les partis. Ce n'était
qu'ainsi que ce monarque pouvait avoir l'espoir d'assurer quelque protection aux cultivateurs du sol ; et
dans le fait, les possessions de ces abbayes furent pendant plusieurs siècles une sorte de terre de Goshen pri-
vilégiée et paisible, tandis que le reste du pays, occupé
par des clans sauvages et des barons pillards, offrait
une scène de confusion, de sang et de brigandage.

Cet état prospère ne dura pas jusqu'à l'union des
deux couronnes. Long-temps avant cette époque les
guerres entre l'Angleterre et l'Écosse avaient perdu
leur ancien caractère d'animosités nationales, et ne se
continuaient plus que par la soif de la conquête d'une
part, et de l'autre par la ferme résolution d'une défense
vigoureuse. Il en résulta un esprit de fureur porté à un
degré dont l'histoire de ces deux pays n'avait point encore offert d'exemple ; et les scrupules religieux cédant
bientôt à la haine nationale, aiguillonnée par l'amour
du pillage, le patrimoine de l'Église cessa d'être respecté, et fut exposé aux incursions des deux partis. Les
tenanciers et les vassaux des grandes abbayes avaient
pourtant encore de grands avantages sur ceux des barons laïques, qui, forcés de se livrer constamment aux
devoirs militaires, finirent par devenir des brigands à
qui il ne resta aucun goût pour les arts de la paix. Les
vassaux de l'Église, au contraire, n'étaient appelés aux
armes que lors d'une levée générale, et en tout autre
temps ils jouissaient de leurs fermes et de leurs fiefs (1)

(1) *Feus*. On appelle *feu* (fief) de petites propriétés concédées

aussi tranquillement que le permettait la situation du
pays. Par une suite nécessaire de cet état de choses, ils
entendaient mieux tout ce qui a rapport à la culture du
sol ; et ils étaient plus riches et plus instruits que ceux
qui, dépendant des chefs et des nobles de leur voisinage, avaient toujours les armes à la main pour les querelles de leurs maîtres.

Ces vassaux de l'Église résidaient pour la plupart
dans un petit bourg ou village, où trente à quarante
familles se réunissaient pour s'aider et se protéger réciproquement. C'était ce qu'on appelait une town (1);
la ville et les terres appartenant aux diverses familles
qui l'habitaient s'appelaient la township. Elles y possé-
daient ordinairement la terre en commun, quoique dans
une proportion différente, suivant les concessions faites
à chacune d'elles. Le sol susceptible d'une culture non
interrompue s'appelait *infield* (2). L'usage de divers en-
grais suppléait à l'épuisement du terrain, et l'on y ré-
coltait des moissons passables d'orge et d'avoine qu'on
y semait alternativement. Tous les bras y travaillaient

à des vassaux et à leurs hoirs, moyennant une rente ou portion
du produit. C'était une manière de peupler le patrimoine des cou-
vents que les gens d'église adoptaient volontiers ; et plusieurs des-
cendans de ces *feuars* (feudataires), comme on les appelle, sont
encore propriétaires de ces héritages de famille dans les environs
des grands monastères d'Écosse. — Éd.

(1) *Town,* en anglais, se dit de tout assemblage de maisons où
il y a un marché régulier : on donne le nom de *city* aux villes où
il y a une cathédrale et un évêque. — Éd.

(2) *Infield,* champs intérieurs, par opposition à *out-field,* champs
du dehors. L'auteur lui-même explique le sens de ces désigna-
tions. — Éd.

sans distinction, et après la récolte on en partageait le produit, conformément aux droits de chacun.

Il y avait en outre des terres plus éloignées du village, *out-field lands*, dont il était possible d'obtenir une récolte de temps en temps, après quoi on les abandonnait aux influences du ciel pour y renouveler les principes épuisés de la végétation. Chacun choisissait à son gré ces portions de terre sur les montagnes et dans les vallées, qui étaient toujours annexées au village pour servir à la pâture des bestiaux. La culture de ces terres éloignées était soumise à tant de chances, et il était si incertain que leur produit indemniserait des frais et des travaux nécessaires pour les mettre en valeur, que ceux qui voulaient en courir le risque obtenaient le droit exclusif de jouir des récoltes.

On laissait en commun d'immenses prairies situées dans les vallées, et qui servaient au pâturage des bestiaux pendant l'été. Tous les troupeaux de la communauté y étaient conduits indistinctement chaque matin par le berger du village, qui les ramenait le soir, sans quoi les maraudeurs des environs n'auraient pas manqué d'en diminuer le nombre.

Nos fermiers actuels ouvrent de grands yeux et lèvent les mains au ciel en entendant de pareilles choses ; il est pourtant certain que ces usages subsistent encore, avec quelques modifications, dans différentes parties du nord de la Grande-Bretagne, et qu'on les retrouve en pleine force dans l'archipel des îles Shetland.

Les habitations de ces feudataires de l'Église répondaient à leur mode de culture. Dans chaque village se trouvaient plusieurs petites tours, dont les murs étaient garnis de créneaux et formaient souvent deux angles.

5.

Diverses embrasures étaient percées pour en défendre l'entrée, qui était toujours fermée par une forte porte en chêne garnie de gros clous, et souvent même par une seconde porte extérieure en fer. C'était dans ces tours que demeuraient les possesseurs des principaux fiefs et leurs familles; mais à la moindre alarme, causée par l'approche de quelque danger, tous les autres habitans quittaient leurs chaumières, se réfugiaient dans ces espèces de châteaux forts, et en formaient la garnison. Il n'était pas facile à un parti ennemi de pénétrer dans le village; car tous les hommes étaient habitués au maniement de l'arc et des armes à feu, et les tours étaient en général assez voisines les unes des autres pour se défendre réciproquement, de sorte qu'il était impossible d'en attaquer aucune isolément.

L'intérieur de ces habitations était ordinairement assez misérable, car c'eût été une folie que de les meubler de manière à exciter la cupidité des maraudeurs qui vivaient dans les environs. Cependant les familles qui y demeuraient jouissaient d'une certaine aisance et montraient plus d'instruction et d'indépendance qu'on ne l'aurait attendu. Leurs champs leur fournissaient du pain et de la bière, et leurs troupeaux du bœuf et du mouton, car on ne songeait pas encore à l'extravagant usage de se nourrir de veaux et d'agneaux. Chaque famille tuait un bœuf gras en novembre; on le salait pour l'hiver, et la ménagère pouvait y ajouter, dans les grandes occasions, des pigeons et un chapon. Le jardin, mal cultivé, produisait quelques choux, et la rivière du saumon en abondance pour le carême.

On trouvait dans les marais une grande quantité de tourbes; et les forêts, quoique mal administrées, offraient encore alors du bois en quantité suffisante. Indépendamment de ces ressources, le chef de la famille faisait quelquefois une promenade dans le bois au clair de la lune, avec son arc et son fusil, abattait un daim du roi, le rapportait secrètement chez lui, et le père confesseur lui refusait rarement l'absolution pour ce méfait, pourvu qu'il fût invité à prendre sa part de la venaison. Quelques-uns, encore plus hardis, faisaient avec leurs domestiques, ou en s'associant avec les moss-troopers (1), une excursion, appelée *start* et *owerloup* (2), dans le langage des bergers. C'était au succès de ces expéditions qu'on attribuait les ornemens d'or et les vêtemens de soie que portaient quelques femmes des familles les plus distinguées, et qui excitaient la jalousie de leurs voisines. Mais ces actes de pillage étaient, aux yeux de l'abbé de Sainte-Marie, un crime bien autrement sérieux que celui *d'emprunter un daim du bon roi*, et il ne manquait jamais de punir sévèrement le coupable quand il était découvert, parce que cette conduite tendait à attirer des représailles sur les propriétés du couvent, et à changer le caractère paisible de ses vassaux.

Quoique nous ayons dit que les tenanciers des abbayes avaient plus d'instruction que ceux des barons laïques, on pourrait pourtant dire qu'ils étaient mieux nourris qu'instruits, selon l'expression proverbiale, quand même leur nourriture aurait été pire qu'elle

---

(1) *Soldats des marais;* ce nom est devenu le nom général des maraudeurs : dans l'origine, il servait à désigner plus particulièrement les habitans du pays marécageux de Liddesdale, vrais pillards de profession. — Éd.

(2) Un enlèvement de bétail. — Éd

n'était. Ils avaient pourtant, pour acquérir des connaissances, des moyens dont les autres étaient dépourvus. Les moines, en général, connaissaient tous leurs vassaux, et voyaient familièrement tous les principaux d'entre eux, chez qui ils étaient sûrs d'être reçus avec le respect dû à leur double caractère de pères spirituels et de seigneurs temporels. De là il arrivait souvent que, lorsqu'un enfant annonçait des talens et de l'amour pour l'étude, quelque moine, soit dans la vue de le faire entrer dans le clergé, soit bienveillance naturelle, soit enfin pour occuper un temps dont il ne savait que faire, l'initiait dans les mystères de l'art de lire et d'écrire, et lui donnait les autres connaissances qu'il possédait lui-même. Les chefs de ces familles étant plus riches, ayant plus de temps pour réfléchir, et plus d'expérience pour améliorer leurs propriétés, avaient parmi leurs voisins la réputation d'être des hommes adroits et intelligens, et en obtenaient autant de considération par leur opulence comparativement aux autres, qu'ils en étaient méprisés par leur caractère moins belliqueux et moins entreprenant. Ils vivaient entre eux autant qu'ils le pouvaient, évitaient la compagnie des autres, et ne craignaient rien tant que d'être enveloppés dans les querelles et les dissensions auxquelles se livraient sans cesse les vassaux des seigneurs séculiers.

Tel était l'état général de ces communautés. Pendant les guerres funestes du commencement du règne de Marie, elles avaient beaucoup souffert des invasions des Anglais, car ceux-ci, étant devenus protestans, bien loin de ménager les domaines de l'Église, les pillaient de préférence à ceux des laïques. Mais la paix de

1550 avait rendu quelque tranquillité à ces contrées déchirées et harassées, et les choses commençaient à s'y remettre sur leur ancien pied. Les moines réparaient leurs églises; les possesseurs de fiefs reconstruisaient leurs petites forteresses que l'ennemi avait dévastées; le pauvre laboureur relevait sa chaumière abattue, travail assez facile, qui ne demandait que quelques pierres, de la boue pour les joindre, et quelques branches d'arbres que fournissait la forêt voisine. Enfin on allait chercher au fond des bois le peu de bestiaux qu'on avait pu y cacher, et le fier taureau, à la tête de son sérail, venait reprendre possession de ses pâturages. Il s'ensuivit pour le monastère de Sainte-Marie et ses dépendances, pendant plusieurs années, ce qu'on peut appeler un état de calme et de paix, eu égard à l'esprit du siècle et à celui de la nation.

CHAPITRE II.

———

Nous avons dit que la plupart des possesseurs de fiefs demeuraient dans l'enceinte du village dont ils dépendaient. Cette règle générale était pourtant sujette à bien des exceptions, et la tour solitaire dans laquelle nous avons maintenant à introduire nos lecteurs en était une.

Cette tour était entièrement séparée du village, plus grande et plus forte que les autres, ce qui indiquait, non-seulement l'aisance du propriétaire, mais la néces-

sité où il était de se défendre par ses propres forces,
sans attendre de secours de personne, s'il venait à être
attaqué. Deux ou trois misérables chaumières, grou-
pées autour de cette forteresse, servaient de logement
aux tenanciers du feudataire. Elle était située sur une
belle colline, couverte de verdure, qui s'élevait brusquement dans la gorge d'un glen étroit, et qui, circon-
scrite de toutes parts, excepté sur un seul point, par les
détours d'une petite rivière, se trouvait dans une position assez bien défendue par la nature.

Mais la principale défense de Glendearg, car tel était
le nom de ce fief, consistait dans sa position cachée et
retirée. Pour arriver à la tour, il fallait faire trois milles
dans un glen, ou vallon resserré, où l'on traversait une
vingtaine de fois la petite rivière dont les eaux, rencontrant ici une montagne escarpée, et là, frappant contre
un rocher qui leur refusait passage, étaient obligées de
changer leur cours à chaque instant, et ne pouvaient
avancer qu'en décrivant des lignes obliques. Les montagnes qui bordent cette vallée forment une chaîne im-
pénétrable qui semble y retenir la rivière captive. Elles
sont inaccessibles pour les chevaux; les chèvres seules
osent gravir leurs flancs, et il aurait été difficile de supposer que, dans un lieu dont l'abord était si difficile et
si dangereux, il pût exister une habitation plus impor-
tante que la chaumière d'été d'un berger.

Ce glen si bien défendu n'était pourtant pas dépourvu
de toute beauté. Le gazon qui croissait sur la petite
plaine arrosée par la rivière était aussi vert et aussi
touffu que s'il avait occupé deux fois par mois les faux
d'une centaine de jardiniers, et il était paré d'une gar-
niture de marguerites et de fleurs champêtres que cette

faux aurait certainement détruites. La rivière, tantôt resserrée dans son lit, tantôt libre de s'étendre davantage, roulait ses eaux tranquilles et limpides, et s'avançait vers son but en dépit des obstacles qui ne faisaient que retarder son cours, comme ces esprits fermes qui se fraient un chemin dans la vie, en cédant aux difficultés insurmontables, mais sans en être découragés. Tel aussi le matelot, battu par un vent défavorable, louvoie avec courage, et avance toujours peu à peu.

Les montagnes, qu'en écossais on appellerait les *braes*, s'élevant presque perpendiculairement du côté de la vallée, présentaient une surface grise que les torrens avaient dépouillée du peu de terre qui la couvrait autrefois; quelques arbrisseaux épars le long des ravines, et des bouquets de taillis ornant quelques endroits privilégiés, échappés à la dent des chèvres et à la serpe des bergers, jetaient sur le rivage une variété agréable. Quelques-unes de ces montagnes, plus élevées que les autres, portaient presque jusqu'aux nuages leur tête nue et stérile, dont la majesté faisait contraste avec les bouquets de chênes et de bouleaux, de trembles et d'épines qui en couvraient les fleurs, et la riche verdure qui tapissait le fond du vallon.

Malgré les avantages que nous venons de décrire, le spectacle qu'offraient ces lieux ne pouvait se nommer ni beau, ni sublime, ni même pittoresque et remarquable. C'était un désert dont la vue resserrait le cœur: le voyageur y éprouvait une incertitude pénible; un lieu si sauvage frappe quelquefois l'imagination plus que les grands traits d'une superbe campagne où l'on sait précisément à quelle distance est située l'auberge du souper ; mais ces idées, au surplus, appartiennent à un siècle postérieur ; car, à l'époque dont nous parlons, ni les habitans de Glendearg, ni ceux qui pouvaient s'y rendre quelquefois, ne savaient ce que c'était que le beau, le pittoresque, le sublime, et toutes les nuances intermédiaires.

Le nom de cette vallée, qui signifie *vallée rouge* (1), semble lui avoir été donné, non-seulement à cause des bruyères à fleur pourpre dont le flanc des montagnes est couvert avec profusion, mais encore à cause de la couleur des roches et des terres escarpées qui dans le pays sont appelées *scaurs*. Un autre glen de la source de l'Ettrick a reçu le même nom par les mêmes circonstances, et ce ne sont probablement pas les deux seuls en Écosse.

Comme notre Glendearg n'était pas très-riche en habitans mortels, la superstition, sans doute pour l'en dédommager, l'avait peuplé d'êtres appartenans à un autre monde. On prétendait y voir souvent l'Homme Brun des marais (2), être sauvage et capricieux, véritable descendant des nains du nord, qu'on disait s'y montrer surtout après l'équinoxe d'automne, quand les brouillards étaient si épais qu'on pouvait à peine distinguer les objets. On disait aussi que les fées d'Écosse, tribu fantasque, irritable et méchante, et qui, quoique parfois bienfaisantes par caprice, ne songeaient en général qu'à nuire à la race humaine, avaient fixé leur résidence dans un des endroits les plus sauvages de la vallée, nommé pour cette raison *Corrie nan shian*, dési-

(1) *Glen-Dearg.* — Éd.

(2) *The brown man of the moors.* Voyez dans *la Prison d'Édimbourg* une note sur les *brownies*. — Éd.

6

gnation celte corrompue qui signifie le Trou des Fées. Mais, dans tous les environs, on évitait de parler de ce lieu, et même d'en prononcer le nom, d'après l'idée, générale alors dans toute l'Écosse, et qu'on y conserve encore dans certains endroits, que parler en bien ou en mal de cette race capricieuse d'êtres surnaturels, c'est s'exposer à leur ressentiment, et qu'ils exigent le secret et le silence de ceux qui ont surpris leurs danses et découvert leurs habitations.

Une terreur mystérieuse s'attachait ainsi à cette partie de la vallée, et il fallait en passer à peu de distance pour venir des bords de la Tweed à la petite forteresse nommée la tour de Glendearg. Au-delà de la colline, sur laquelle, comme nous l'avons dit, cette tour était située, les montagnes se rapprochent, deviennent plus escarpées, et se terminent par une cataracte bien singulière, car ce n'est qu'un filet d'eau qui tombe d'une hauteur prodigieuse, de précipice en précipice. Derrière cette chute d'eau, un marécage, qui s'étendait à perte de vue, n'était fréquenté que par des oiseaux aquatiques, et mettait les habitans de la petite vallée à l'abri des incursions de leurs voisins du côté du nord.

Les infatigables maraudeurs connaissaient pourtant les parties accessibles de ce marécage, et y trouvaient quelquefois une retraite. Ils pénétraient souvent dans la vallée, allaient jusqu'à la tour, y demandaient et y recevaient l'hospitalité. Mais les habitans plus paisibles de cette petite forteresse ne la leur accordaient qu'avec une sorte de réserve; de même qu'un nouveau colon européen admet chez lui un parti d'Indiens dans l'Amérique septentrionale, plutôt par crainte que par affection, tandis que le maître du logis n'a d'autre désir que de voir partir ses hôtes sauvages.

La même humeur pacifique n'avait pas toujours régné dans la tour de Glendearg. Simon Glendinning, son dernier maître, se faisait gloire de descendre de l'ancienne famille de Glendonwyne, qui habitait les frontières occidentales d'Écosse. Assis au coin de son feu, dans les soirées d'automne, il se plaisait à raconter les exploits de ses ancêtres, l'un desquels était tombé à côté du brave comte de Douglas au combat d'Otterbourne (1). Dans ces occasions, Simon plaçait ordinairement sur ses genoux une ancienne épée écossaise qui avait appartenu à ses aïeux avant qu'aucun membre de sa famille eût été réduit à accepter un fief du monastère de Sainte-Marie. Dans les temps modernes, Simon Glendinning aurait pu vivre à son aise sur son domaine, tout en murmurant contre le destin qui le forçait à y rester, et qui l'empêchait de pouvoir acquérir de la gloire par les armes; mais, à cette époque, on avait si souvent besoin de soldats, qu'il était naturel de demander à celui qui était si brave en paroles, de prouver sa bravoure par ses actions. Il fut donc obligé de marcher sous la bannière sacrée de Sainte-Marie, dans cette campagne désastreuse qui se termina par la bataille de Pinkie.

Le clergé catholique prenait un intérêt très-vif à cette querelle nationale, dont l'objet était d'empêcher

(1) 15 août 1388. La guerre entre l'Ecosse et l'Angleterre à cette époque était plutôt une querelle de seigneur à seigneur entre les deux familles puissantes de Douglas et de Percy. Ce fut à Otterbourne que Douglas périt, et que le jeune Percy, surnommé *Hotspur* à cause de son impétueuse valeur, fut fait prisonnier. — Éd.

le mariage de la jeune reine d'Écosse, Marie, avec le fils de l'hérétique Henri VIII. Les moines avaient fait marcher leurs vassaux sous la conduite de chefs expérimentés. Plusieurs d'entre eux avaient même pris les armes, s'étaient enrégimentés, et déployaient un étendard sur lequel on avait peint une femme supposée représenter l'église d'Écosse, agenouillée, levant les mains et les yeux vers le ciel, avec ces mots pour légende : *Afflictæ sponsæ ne obliviscaris* (1).

Les Écossais, au surplus, dans toutes leurs guerres, manquaient plutôt de généraux sages et habiles que d'enthousiasme. Leur courage bouillant et téméraire faisait toujours qu'ils en venaient aux mains précipitamment, sans réfléchir sur leur position et sur celle de l'ennemi, et il en résultait inévitablement de fréquentes défaites. Nous n'avons rien à dire de la funeste affaire de Pinkie, si ce n'est que Simon Glendinning y mordit la poussière avec dix mille hommes de haute et de basse extraction, trépas qui n'était pas indigne de l'illustre famille dont il était descendu (2).

Quand cette funeste nouvelle, qui répandit dans toute l'Écosse le deuil et la consternation, arriva à la tour de Glendeargh, Elspeth Brydone, veuve de Simon, se trouvait seule dans son habitation désolée, avec deux vieux serviteurs qui avaient passé l'âge de se livrer aux travaux de la guerre et à ceux de l'agriculture, et les

(1) N'oubliez pas l'épouse affligée. — Tr.

(2) La bataille de Pinkie ou Pinkey fut livrée sous Édouard II; les Anglais étaient commandés par le protecteur Somerset et Warwick; les Écossais par le comte d'Arran; Somerset, pressé de retourner en Angleterre, ne profita pas de sa victoire comme il aurait pu le faire. — Éd.

veuves et les enfans de ceux qui avaient péri avec leur maître. La désolation était universelle; mais à quoi servait-elle? Les moines de Sainte-Marie, seigneurs du village de Kennaquhair et de plusieurs autres, avaient été chassés de l'abbaye par les forces anglaises qui couvraient le pays, et qui forçaient les habitans au moins à une apparence de soumission. Le protecteur Somerset, campé et retranché dans les ruines de l'ancien château de Roxburgh, mettait tous les environs à contribution, et forçait les habitans à venir prendre de lui une sauvegarde. Il ne restait aucun moyen de résistance, et le peu de barons dont la fierté ne pouvait se soumettre à se courber sous le joug, n'avaient d'autres moyens que de se réfugier dans les endroits les plus inaccessibles du pays, laissant leurs châteaux et leurs domaines à la merci des Anglais. Ceux-ci envoyaient de tous côtés des détachemens pour ruiner par des exactions militaires tous ceux dont les seigneurs ne s'étaient pas encore soumis; et l'abbé de Sainte-Marie s'étant retiré derrière le Forth avec toute sa communauté, leurs possessions furent d'autant moins ménagées qu'on savait qu'ils s'étaient plus fortement déclarés contre l'alliance projetée.

Parmi les troupes chargées de ce service se trouvait un petit détachement commandé par Stawarth Bolton, capitaine dans l'armée anglaise, plein de cette bravoure franche, et de cette générosité sans prétention qui ont si souvent distingué cette nation. La résistance était inutile; aussi quand la veuve de Simon vit s'avancer dans la vallée une douzaine de soldats conduits par un homme que son armure brillante et la plume flottant sur son casque annonçaient pour leur chef, elle ne

6.

trouva rien de mieux à faire que de sortir de sa tour, couverte d'habits de deuil, tenant par la main ses deux fils encore en bas âge, d'aller au-devant du capitaine anglais, de lui exposer ses malheurs, de mettre à sa disposition tout ce qu'elle possédait, et d'implorer sa merci. Elle exécuta ce projet, s'expliqua en peu de mots, et ajouta, avec un reste de fierté écossaise, qu'elle se soumettait parce qu'elle n'avait aucun moyen de résistance.

— Et c'est ce qui doit faire votre sûreté, mistress, répondit le capitaine. Tout ce que je demande, c'est d'être assuré de vos intentions pacifiques, et je ne vois aucune raison pour en douter.

— Au moins, capitaine, dit Elspeth, acceptez l'hospitalité que je suis en état de vous offrir. Vos gens sont fatigués et ont besoin de rafraîchissemens.

— Nullement, nullement, répondit le généreux Anglais. Il ne sera pas dit que nous aurons mis à contribution la veuve d'un brave soldat, portant le deuil de son mari. Camarades, volte-face! Un instant cependant! ajouta-t-il : nos partis parcourent le pays dans tous les sens; quelqu'un d'entre eux peut encore se présenter ici, il faut que je vous donne une assurance de sauvegarde. Mon petit ami, dit-il à l'aîné des enfans, qui pouvait avoir neuf à dix ans, prête-moi ta toque.

L'enfant rougit, prit un air d'humeur, recula derrière sa mère : celle-ci, le grondant comme une bonne mère gronde un enfant un peu gâté, lui ôta sa toque, et la présenta au capitaine.

Stawarth Bolton détacha la croix rouge brodée de sa barète, (1) et l'ayant placée dans le rebord de la toque de

_____

(1) *Barret-cap.* Barète ne se dit plus guère que de la toque rouge

l'enfant : — Avec cette sauve-garde, dit-il à Elspeth, vous n'aurez rien à craindre de nos maraudeurs, ils ont ordre de la respecter.

Il remit lui-même la toque sur la tête de l'enfant ; mais celui-ci, les veines du front gonflées, fronçant le sourcil, et pleurant de colère, l'en arracha aussitôt, et, avant que sa mère pût l'en empêcher, la jeta dans la rivière ; le cadet courut l'en retirer, et jeta la toque à son frère, après en avoir pris la croix qu'il baisa avec respect et qu'il plaça dans son sein. Cette petite scène amusa le capitaine autant qu'elle le surprit.

—Pourquoi avez-vous jeté la croix de Saint-Georges, petit drôle ? demanda-t-il à l'aîné, d'un ton moitié badin, moitié sérieux.

— Parce que saint Georges est un saint anglais, répondit l'enfant avec hardiesse.

— Fort bien ! dit Bolton. Et vous, mon petit ami, demanda-t-il au plus jeune, pourquoi l'avez-vous retirée de l'eau.

— Parce que c'est un signe de salut commun à tous les chrétiens.

— Encore fort bien. Je vous assure, mistress, que je vous envie ces deux garçons. Sont-ils à vous tous deux ?

Ce n'était pas sans quelque raison que Stawarth Bolton faisait cette question ; car Halbert Glendinning, l'aîné, avait les cheveux de même couleur que les plumes du corbeau, de grands yeux noirs, hardis et perçans, d'épais sourcils ; la peau brune, quoiqu'on ne

---

des cardinaux ; mais sans doute ce mot dut signifier aussi la coiffure d'un homme de guerre. — Éd.

pût dire qu'elle fût basanée, et un air d'activité et de résolution qui était au-dessus de son âge. Édouard, au contraire, avait les cheveux blonds, les yeux bleus, le teint blanc, et paraissait avoir en partage la douceur, sinon la timidité.

La mère jeta un coup-d'œil de satisfaction maternelle d'abord sur l'un, ensuite sur l'autre, et répondit au capitaine : — Bien certainement, monsieur, ils sont tous deux mes enfans.

—Et du même père? Ne vous offensez pas, mistress, j'aurais fait la même demande à toute dame anglaise. Eh bien, vous avez deux beaux enfans, et vous devriez bien m'en donner un, car mistress Bolton et moi n'en avons jamais eu. Allons, enfans, lequel de vous veut venir avec moi ?

La mère tremblante, et ne sachant s'il parlait sérieusement ou s'il plaisantait, reprit la main de ses enfans et les rapprocha d'elle.

— Je n'irai point avec vous, s'écria vivement Halbert: vous êtes un Anglais, et les Anglais ont tué mon père; je vous ferai la guerre jusqu'à la mort, quand je pourrai porter son épée.

— Grand merci, mon petit foudre de guerre, dit Bolton en souriant, je vois que le sang qui coule dans tes veines est véritablement écossais. Et vous, ma jolie tête blonde, voulez-vous venir avec moi? je vous apprendrai à monter à cheval.

— Non, répondit Édouard avec calme.

— Et pourquoi?

— Parce que vous êtes un hérétique.

—Grand merci encore, dit Bolton. Eh bien, mistress, je vois que je ne ferai pas de recrues dans votre famille,

et cependant je vous envie vos deux petits chérubins.
Néanmoins ils occasioneraient une querelle entre ma
femme et moi; je préférerais ce petit coquin aux yeux
noirs, et elle ne serait occupée que de ce jeune blondin
aux yeux bleus. Je vois qu'il faut savoir se passer de
ce que le ciel nous a refusé, et féliciter ceux qui sont
plus heureux. Sergent Brittson, tu resteras ici jusqu'à
nouvel ordre; protège cette famille comme étant sous
ma sauvegarde; ne lui fais aucun tort, et ne souffre pas
qu'on lui en fasse, car tu en seras responsable. —
Madame, Brittson est un homme marié, un père de
famille, un brave homme; ne le laissez manquer de
rien; mais ménagez-le sur la boisson.

Elspeth Glendinning offrit encore des rafraîchissemens à la troupe, mais elle désirait au fond du cœur
que son invitation ne fût pas acceptée. Le fait est que
supposant que ses deux enfans étaient aussi précieux
aux yeux du capitaine anglais qu'aux siens même, erreur assez commune à toutes les mères, elle craignait,
d'après la manière dont il avait parlé, qu'il ne finît par
lui en enlever un. Elle les tenait toujours par la main,
comme s'il lui eût été possible de résister à la violence,
si l'on eût voulu y avoir recours, et elle ne put se défendre d'un mouvement de joie quand elle vit le détachement se préparer à se mettre en marche.

Bolton vit ce qui se passait dans son cœur. — Mistress, lui dit-il, je vous pardonne de craindre qu'un
faucon anglais ne fonde sur votre couvée; mais rassurez-vous, ceux qui n'ont point d'enfans n'en ont que
moins de soucis, et un homme honnête ne cherche pas
à ravir le bien de son voisin. Adieu. Quand ce petit
drôle aux yeux noirs sera en état de porter les armes,

apprenez-lui, s'il fait jamais une percée en Angleterre, à épargner les femmes et les enfans pour l'amour de Stawarth Bolton.

— Que le ciel vous protège, généreux homme du Sud (1)! dit Elspeth, qui reprit sa tranquillité en le voyant se mettre à la tête de sa troupe, et prendre le sentier qui conduisait hors de la vallée.

— Ma mère, dit Halbert, je ne puis dire *amen* à une prière faite pour un homme du Sud.

— Ma mère, dit Édouard avec timidité, est-il permis de prier pour un hérétique?

— C'est au dieu que j'invoque à en juger, répondit Elspeth en soupirant; mais les mots *homme du Sud* et *hérétique* ont déjà coûté à l'Écosse dix mille de ses plus braves enfans, et nous ont privés vous d'un père et moi d'un époux. Tout ce que je désire est de ne plus les entendre prononcer. Suivez-moi dans la tour, monsieur, dit-elle à Brittson, et tout ce que je puis vous offrir sera à votre disposition.

(1) *Southern*, par opposition à l'Écosse, située au nord de l'Angleterre. — Éd.

CHAPITRE III.

« La Tweed les vit sur sa rive
» Allumer de si grands feux,
» Qu'une clarté rouge et vive
» Effaçait de la nuit les astres radieux. »

Le vieux Maitland.

Le bruit se répandit bientôt dans le patrimoine de Sainte-Marie et dans les environs, que la veuve de Simon Glendinning avait obtenu une sauvegarde, et que par conséquent on ne lui enlèverait ni ses grains ni ses bestiaux. Parmi ceux aux oreilles de qui cette nouvelle arriva, était une dame d'un rang plus élevé qu'Elspeth, et qui avait éprouvé des malheurs encore plus grands.

Elle était veuve d'un brave guerrier, de Walter Avenel, issu d'une des premières familles du Border ou frontières d'Écosse, qui avait autrefois possédé des domaines immenses dans la baronnie d'Eskdale. Une partie avait depuis long-temps passé en d'autres mains; mais il lui restait encore des possessions considérables dans le voisinage de l'abbaye de Sainte-Marie, et situées sur la même rive de la Tweed que la petite vallée de Glendearg, au bout de laquelle était la tour des Glendinning. Cette famille tenait un rang distingué parmi la noblesse de la province, et le respect qu'elle inspirait s'était encore accru récemment par le courage et l'esprit entreprenant qu'avait montrés son chef Walter Avenel.

Après la défaite sanglante de l'armée d'Écosse à Pinkie, Avenel fut un de ceux qui, rassemblant quelques troupes, prouvèrent qu'une nation vaincue, et dont le territoire est couvert par une armée ennemie, est toujours en état de faire une guerre de détail qui, avec le temps, peut devenir fatale à ses oppresseurs. Walter Avenel succomba pourtant dans une de ces escarmouches; et, quand la nouvelle de sa mort arriva au château de ses pères, elle y fut suivie de celle qu'un détachement anglais était en marche pour venir le piller afin de frapper de terreur ceux qui seraient tentés de résister.

La malheureuse veuve, presque privée de tout sentiment, sachant à peine où on la conduisait, et pourquoi on l'entraînait précipitamment, fut transportée avec sa fille, par quelques fidèles domestiques, dans la chaumière d'un berger, cachée dans les montagnes, dont la femme Tibbie Tacket avait été autrefois à son service comme femme de chambre. Ces bonnes gens lui prodiguèrent tous les soins dont ils étaient capables; mais après le premier paroxisme de douleur, et quand elle put réfléchir sur sa situation, lady Avenel n'aurait eu que trop de raisons pour envier le sort de son mari, dans la nuit paisible du tombeau. Les domestiques furent obligés de la quitter pour se procurer des moyens de subsistance, et le berger et sa femme se trouvèrent bientôt privés eux-mêmes de leurs faibles ressources qu'ils partageaient avec leur ancienne maîtresse ; des fourrageurs anglais avaient déjà enlevé tous leurs moutons. Deux vaches avaient échappé à leur rapacité ; elles furent la proie d'une autre troupe, et, comme c'était le seul moyen d'existence qui leur restât, ils n'eurent plus devant les yeux que la perspective de la famine.

— C'est à présent que nous voilà ruinés, réduits à mendier notre pain, dit Martin en se tordant les bras dans l'amertume de son désespoir. Les voleurs ! les brigands ! ne nous avoir pas laissé une seule tête de bétail !

— Et avoir vu, dit sa femme, Grizzy et Crumbie, tournant la tête vers l'étable, et beuglant de chagrin, tandis que ces scélérats, à cœur de pierre, les faisaient marcher à coups de lance !

— Ils n'étaient pourtant que quatre ! dit Martin : j'ai vu le temps où quarante n'auraient osé se présenter dans ces environs ; mais nous avons perdu notre force et notre courage avec notre maître.

— Pour l'amour de la sainte croix, Martin, parlez plus bas ; notre pauvre dame est déjà à demi morte, et si elle vous entendait, il ne faudrait qu'un mot pour l'achever.

— Je voudrais presque que nous fussions tous morts, car je ne sais ce que nous pourrons faire : ce n'est ni pour vous ni pour moi que je m'inquiète, Tibbie, nous pouvons faire face à la misère, travailler ou manquer de tout ; mais notre pauvre maîtresse, que deviendra-t-elle ?

Ils parlaient aussi librement de leur situation devant
lady Avenel, parce qu'ils la croyaient endormie. Ab-
sorbée par l'excès de ses maux, ses yeux étaient fermés, elle avait la tête appuyée sur le dossier d'un
grand fauteuil de bois, le seul qui existât dans la chaumière, et qu'on avait garni d'un vieil oreiller. Le fait
est pourtant qu'elle ne perdait pas un mot de leur conversation.

— Il y aurait bien une ressource, dit Martin, mais
Dieu sait si elle pourra se déterminer à y avoir recours.
La veuve de Glendinning a obtenu une sauvegarde de
ces coquins d'Anglais, et pas un soldat n'oserait approcher de la tour. Si elle pouvait se résoudre à aller
demeurer chez elle jusqu'à ce que ces temps mauvais
soient passés, ce serait sans doute faire honneur à mistress Elspeth, mais.....

— Lui faire honneur, Martin! oui, sans doute, et c'en
serait un pour toute sa postérité, après elle et ses enfans. Mais est-il possible qu'une grande dame comme
lady Avenel aille se réfugier chez la veuve d'un vassal de
l'Église?

— Je voudrais bien qu'elle pût faire autrement;
mais quel parti prendre? Si nous restons ici, nous ne
pouvons que mourir de faim; et où aller? Je ne le sais
pas plus qu'aucun des moutons que j'aie jamais gardés.

— N'en parlez plus, dit lady Avenel, prenant part
tout à coup à la conversation. J'irai à la tour de Glendearg. Mistress Elspeth est une excellente femme. Elle
est, comme moi, veuve et mère d'orphelins : elle m'ac-
cordera un asile jusqu'à un moment moins fâcheux. En
temps d'orage, heureux qui trouve une chaumière pour
abri.

— Là! dit Martin, voyez si notre maîtresse n'a pas deux fois plus de bon sens que nous!

— Et c'est bien naturel, dit Tibbie, puisqu'elle a été élevée dans un couvent, et qu'elle sait lire, coudre et broder.

— Ne croyez-vous pas, dit lady Avenel en serrant sa fille contre son sein, et montrant par cette action le motif qui lui faisait désirer un asile; ne croyez-vous pas que mistress Glendinning consentira à nous recevoir?

— Si elle y consentira! s'écria Martin : oui, sans doute, et bien volontiers. D'ailleurs les bras sont rares depuis ces maudites guerres, je puis faire dans ma journée autant de besogne que qui que ce soit ; et voilà Tibbie, personne ne s'entend comme elle à soigner des vaches !

— Et je ferais bien autre chose, dit Tibbie en se redressant, si j'étais en maison convenable; mais chez mistress Elspeth, il n'y aura ni dentelles à raccommoder, ni de coiffes à arranger.

— Allons, femme, point d'orgueil, dit le berger : on sait ce que vous êtes en état de faire quand vous voulez vous en mêler. Mais ce sera bien le diable si, à nous deux, nous ne pouvons gagner la nourriture de trois, sans compter notre petite jeune maîtresse. Eh bien ! il est inutile de rester ici plus long-temps; nous avons cinq grands milles d'Écosse à faire à travers les bruyères et les marécages, et ce n'est pas une promenade facile pour une grande dame.

Ce qu'il y avait à emporter n'était pas considérable, et fut bientôt préparé. On en fit des paquets dont on chargea un vieux cheval, qui n'avait échappé aux pillards que parce qu'il avait encore de meilleures jambes

que ceux qui le poursuivaient. Il s'était sauvé dans le
bois; mais il reconnut la voix de son maître qui l'appelait en sifflant, et il revint aussitôt. Martin vit avec surprise que le pauvre animal avait été blessé, quoique légèrement, d'une flèche que lui avait lancée de dépit un
des maraudeurs.

— Eh bien! Shagram, dit Martin en pansant sa blessure, es-tu donc destiné à périr par la flèche comme
tant de braves Écossais?

— Hélas! dit lady Avenel, dans quel coin de l'Écosse
peut-on espérer d'en être à l'abri?

— Sans doute, sans doute, dit le berger, mais que
Dieu défende l'Écossais contre la flèche, et il se défen-
dra lui-même contre l'épée. Allons, partons; je reviendrai chercher le peu qui reste. Il n'y a personne dans
nos environs; et quant aux bonnes voisines...

— Pour l'amour de Dieu, Martin, dit Tibbie, rete-
nez votre langue, et réfléchissez avant de parler. Songez
donc à l'endroit par où il faut que nous passions pour
arriver à la tour de Glendearg!

Le mari fit un signe pour reconnaître la justesse de
cette observation; car on regardait comme le comble de
l'imprudence de parler des fées, soit par leur titre de
bonnes voisines, soit sous tel autre nom que ce fût, et
surtout quand on devait passer près de l'endroit où l'on
supposait qu'elles avaient leur domicile.

Ils se mirent en marche. C'était le 31 octobre.—C'est
le jour de ta naissance, ma pauvre Marie, dit lady Avenel en embrassant sa fille, le cœur plein des souvenirs
cruels que cette époque lui retraçait plus vivement que
jamais. Qui aurait cru, il y a six ans, que celle qui fut
déposée alors dans son berceau au milieu de tant d'amis

se livrant à la joie, chercherait un asile aujourd'hui,
peut-être inutilement.

Marie Avenel, jolie enfant qui, comme on le voit,
venait de finir sa sixième année, fut placée sur Shagram, entre deux paquets. Lady Avenel marchait à côté
du cheval; Tibbie en tenait la bride, et Martin, armé
d'un gros bâton, allait quelques pas en avant pour reconnaître le chemin.

Après avoir fait deux ou trois milles, la tâche que
Martin avait entreprise, en se chargeant des fonctions
de guide, devint plus difficile qu'il ne l'avait pensé, et
qu'il ne voulait l'avouer. Les pâturages, qu'il connaissait parfaitement, étaient situés à l'ouest de sa demeure, et il fallait se diriger vers l'orient pour gagner
la petite vallée de Glendearg. Dans cette partie de l'É-
cosse, le pays est tellement coupé de montagnes, qu'il
faut sans cesse monter et descendre; on cherche des
défilés pour épargner la fatigue, et l'on s'écarte insen-
siblement de la ligne droite. Ce fut ce qui arriva au
bon berger. Il le reconnut enfin, et se trouva forcé
d'en convenir. — Cependant, ajouta-t-il, nous ne pouvons être bien loin de Glendearg; et, si nous pouvions
traverser ces marécages, je suis sûr que la tour est au
bout.

Mais cette entreprise n'offrait pas peu de difficultés.
Ils marchaient lentement et avec beaucoup de précaution. Martin, à l'avant-garde, sondait le terrain avec son
bâton, et trouvait à chaque instant des fondrières où la
petite troupe, sans cette attention, aurait été engloutie
dans la boue. Plus ils avançaient, plus le chemin devenait dangereux. Enfin, au bout d'un certain temps, la
meilleure raison pour continuer d'aller en avant, c'était

7·

qu'ils auraient couru autant de danger à retourner sur leurs pas.

Lady Avenel avait été élevée et avait vécu dans le sein du luxe. Mais quelles fatigues ne pourrait endurer une mère quand son enfant est en danger ? Les périls de la route semblaient l'effrayer moins qu'ils n'effrayaient le berger et sa femme, qui pourtant y avaient été habitués dès l'enfance. Toujours placée à côté du cheval, elle en suivait tous les pas avec attention, et se tenait prête à saisir sa fille si elle le voyait s'enfoncer dans un terrain mouvant.

Ils arrivèrent enfin dans un endroit où l'embarras du guide redoubla. La terre était couverte çà et là de bouquets de bruyères, séparés les uns des autres par un sol noir qui paraissait peu solide, et l'on fit halte un moment. Martin, après avoir été sonder le terrain dans la direction qu'il croyait la plus convenable, ayant reconnu qu'on pouvait y passer avec des précautions, revint prendre Shagram par la bride, afin qu'il ne s'écartât pas de la ligne qu'on pouvait suivre sans danger. Mais Shagram résista en dressant les oreilles, plaça en arcs-boutans ses pieds de devant, avança sous lui ceux de derrière ; en un mot, apporta la plus opiniâtre résistance aux volontés de son maître. Martin ne savait trop s'il devait recourir aux derniers moyens pour conserver son autorité, ou céder à l'obstination de l'animal et chercher un autre chemin. Il ne fut pas très-rassuré par une observation que lui fit à demi-voix sa femme, qui voyant Shagram ouvrir les naseaux et trembler de terreur, lui dit qu'il apercevait sans doute des choses qu'ils ne pouvaient voir eux-mêmes.

Au milieu de cet embarras, Marie, étendant sa pe-

tite main d'un autre côté, s'écria tout à coup : — Par-
là ! par-là ! ne voyez-vous pas cette dame blanche qui
nous fait signe ? Tous portèrent leurs regards dans la
direction désignée par l'enfant; mais ils ne virent qu'un
léger brouillard qui semblait s'élever de terre, et qui fit
craindre à Martin que, venant à s'épaissir, il n'aug-
mentât le danger de leur situation. Il essaya encore
une fois de faire marcher Shagram ; mais l'animal était
inflexible, et il fut impossible de lui faire faire un
pas. — Va donc par où tu voudras, lui dit son maître
d'un ton d'impatience, et voyons si tu es plus habile
que moi.

Dès que Shagram se sentit la bride sur le cou, il
tourna un peu vers la droite, et marcha lui-même dans
la direction que Marie avait indiquée. Il n'y avait en
cela rien de merveilleux ; car l'instinct de ces animaux,
en traversant les marécages, est admirable, et c'est un
fait généralement reconnu. Il allait d'un pas assuré, et
en peu de temps il les conduisit hors du lieu dangereux. Mais ce qui est remarquable, c'est que, chemin
faisant, l'enfant parla plusieurs fois de la belle dame et
des signes qu'elle faisait pour leur montrer le chemin ;
Shagram semblait être dans le secret, car il marchait
constamment du côté que Marie désignait. Lady Avenel
n'y fit pas grande attention, son esprit étant tout occupé des dangers qu'elle craignait pour sa fille; mais le
berger et sa femme échangèrent plus d'un coup d'œil
expressif.

— La veille de la Toussaint ! dit Tibbie à Martin, à
voix basse.

— Pour l'amour de Notre-Dame, dit celui-ci, pas un

mot de cela à présent! Dites vos *ave*, si vous ne pouvez garder le silence.

Quand enfin ils eurent le pied sur un terrain solide, Martin reconnut des montagnes qui lui servirent à diriger la marche de la petite caravane, et ils arrivèrent bientôt à la tour de Glendearg.

Ce fut à la vue de cette petite forteresse que lady Avenel sentit tout le malheur de sa situation. Quand par hasard elle avait rencontré Elspeth à l'église ou dans quelque autre endroit, elle se rappelait avec quel respect l'humble compagne du possesseur d'un fief ecclésiastique s'adressait à l'épouse du haut baron; et maintenant il fallait qu'elle allât en suppliante lui demander un asile!

Martin devina probablement quelles étaient les pensées qui l'occupaient; car il jeta sur elle un regard significatif, comme pour la supplier de ne pas changer de résolution.

Lady Avenel comprit parfaitement ce coup d'œil. — Si j'étais seule, dit-elle, je ne pourrais que mourir! mais cet enfant, mais le dernier gage de l'amour d'Avenel.....!

—Oui, milady, oui, s'écria vivement Martin, comme s'il eût voulu lui ôter toute possibilité de se dédire, je vais voir dame Elspeth. J'ai connu son mari, quoiqu'il fût bien au-dessus de moi, et je lui ai vendu plus d'une fois des bestiaux.

Martin eut bientôt conté son histoire, et mistress Glendinning n'hésita pas un instant à recevoir chez elle la veuve du noble baron. Lady Avenel n'avait jamais été ni insolente ni fière dans la prospérité, et elle en trouva la récompense dans la mauvaise fortune. D'ailleurs, par amour-propre, Elspeth était flattée de devenir en quelque sorte protectrice d'une dame d'un rang si supérieur au sien. Cependant nous devons ajouter, pour lui rendre justice, qu'elle éprouvait une véritable compassion pour une femme dont le destin avait tant de rapport avec le sien, et était encore plus sévère. Elle sortit de sa tour pour offrir à sa compagne d'infortune tous les soins de l'hospitalité, et l'invita à faire à la tour de Glendearg un aussi long séjour que les circonstances l'exigeraient, ou que son inclination l'y porterait. Nous n'avons pas besoin de dire que Martin et sa femme furent compris dans l'invitation.

CHAPITRE IV.

« Puissé-je ne jamais au loin être surpris
« La veille de ce jour trois fois saint dans l'année
» Où sort de toutes parts la troupe mutinée
» Des lugubres esprits. »

COLLINS. *Ode à la peur.*

LORSQUE la tranquillité fut à peu près rétablie dans le pays, lady Avenel serait volontiers retournée dans le château de son mari. Mais la chose n'était plus possible: la couronne était sur la tête d'une mineure; la force décidait du droit, et ceux qui avaient un grand pouvoir et une conscience large se permettaient de fréquens actes d'usurpation.

Tel était Julien Avenel, frère cadet de feu Walter. Il n'hésita pas à s'emparer de tous les domaines de son frère, à l'instant même où la retraite des Anglais le lui permit. D'abord il en prit possession au nom de sa

nièce; mais, quand sa belle-sœur lui fit savoir qu'elle
se proposait d'aller habiter le château de son défunt
mari, il lui déclara que le domaine d'Avenel était un
fief de ligne masculine, et descendait, par conséquent,
au frère de préférence à la fille. Un ancien philosophe
disait qu'il ne pouvait disputer contre un empereur qui
commandait vingt légions; lady Avenel n'était pas en
état de soutenir une contestation contre un chef de
vingt maraudeurs. Julien en avait un grand nombre à sa
solde; il pouvait servir un ami au besoin, et c'était une
raison pour qu'il fût sûr de trouver des protecteurs
parmi les puissans du jour. En un mot, quelque clairs
que fussent les droits de la petite Marie à la succession de son père, sa mère se vit dans la nécessité de
tolérer, au moins pour un temps, l'usurpation de son
oncle.

Sa patience et sa résignation produisirent du moins
cet avantage, que Julien, probablement honteux de
voir sa belle-sœur et sa nièce sans autre ressource pour
exister que la bienfaisance et la charité de la veuve d'un
vassal de l'Église, lui envoya un superbe et nombreux
troupeau de bestiaux de toute espèce, volés probablement à quelque fermier des frontières d'Angleterre; du
linge, des étoffes, des meubles, et quelque peu d'argent; car la vie que menait Julien Avenel faisait qu'il
lui était beaucoup plus facile d'avoir des denrées que
des espèces, et il payait en nature presque tout ce qu'il
achetait.

Cependant les deux veuves d'Avenel et de Glendinning s'étaient habituées à la société l'une de l'autre, et
elles résolurent de ne pas se séparer. Lady Avenel ne
pouvait espérer de trouver une résidence plus sûre et

plus tranquille que la tour de Glendearg, et elle se
voyait alors en état de contribuer aux dépenses générales de la maison. D'un autre côté Elspeth était aussi
fière que charmée d'avoir chez elle une dame d'un rang
si distingué, et elle était toujours disposée à traiter la
veuve de Walter Avenel avec plus de respect encore que
celle-ci n'en eût désiré.

Martin et sa femme remplissaient avec zèle toutes les
fonctions qui leur étaient confiées, et obéissaient également à leurs deux maîtresses, quoiqu'ils se considé-
rassent toujours comme étant au service particulier de
lady Avenel. Cette distinction faisait naître assez souvent de petites querelles entre dame Elspeth et Tibbie;
la première, jalouse de son importance, et l'autre, toujours prête à se prévaloir du rang et de la famille de
lady Avenel; mais toutes deux avaient le même soin
d'en dérober la connaissance à lady Avenel, pour qui
son hôtesse avait presque autant de respect que son
ancienne femme de chambre. Ces altercations d'ailleurs
ne troublaient jamais l'harmonie générale de la famille,
parce que Tibbie, qui était presque toujours la première
à les provoquer, avait assez de bon sens pour s'apercevoir que c'était à elle à céder.

La petite vallée de Glendearg était devenue le monde
entier pour les deux familles qui l'habitaient. Elles n'en
sortaient que pour aller entendre la grand'messe dans
l'église du monastère de Sainte-Marie les jours de fêtes
solennelles, et Alice d'Avenel oubliait presque qu'elle
avait brillé au même rang que les femmes orgueilleuses
des barons du voisinage qui y venaient en foule dans ces
occasions. Ce souvenir ne lui coûtait pas un soupir.
Elle aimait son mari pour lui-même, et le regret que sa

perte continuait à lui inspirer faisait disparaître tout autre sujet de chagrin. Quelquefois, à la vérité, elle songeait à aller réclamer la protection de la reine régente (Marie de Guise) (1), pour sa petite orpheline; mais la crainte de Julien Avenel s'y opposait toujours. Elle le connaissait assez pour savoir qu'il ne se ferait aucun scrupule de faire périr sa nièce s'il regardait son existence comme nuisible à son intérêt, et qu'il en trouverait les moyens. D'ailleurs c'était un homme menant une vie turbulente, prenant parti dans toutes les querelles, et accourant toujours où quelque espoir de pillage pouvait l'attirer. Les chances d'un tel genre de vie devaient amener sa fin plus promptement que le cours naturel des choses, et comme il n'était pas marié, les domaines usurpés retournaient alors à Marie Avenel comme à son unique héritière. Alice crut donc que la prudence exigeait qu'elle continuât à patienter, et elle resta dans la retraite paisible que la Providence lui avait procurée.

Une veille de la Toussaint, le troisième anniversaire du jour qui avait vu la réunion des deux familles, elles étaient assises en cercle autour d'un excellent feu de tourbe, dans ce qu'on appelait la grand'salle de la tour de Glendearg. Les maîtres de maison, à cette époque, ne pensaient pas encore à vivre séparément de leurs serviteurs. La place d'honneur à table et la plus commode auprès du feu, étaient les seules marques de dis-

(1) Marie de Lorraine, l'aînée des enfans de Claude, duc de Guise. Elle avait épousé en premières noces Louis d'Orléans, duc de Longueville; restée veuve au bout de trois ans, elle devint la femme de Jacques V, qui la rendit mère de la célèbre Marie Stuart, et la laissa régente d'Écosse en 1542. — ÉD.

8

tinction ; les domestiques prenaient part à la conversation avec respect, mais avec liberté.

Quelques journaliers, employés aux travaux des champs, s'étant retirés pour regagner leurs chaumières, Martin alla fermer les deux portes de la tour, celle de fer à l'extérieur, et celle de chêne intérieurement, et revint joindre le reste de la compagnie. Elspeth filait au fuseau, Tibbie surveillait une marmite pleine de lait de beurre, suspendue au-dessus de la cheminée par le moyen d'une chaîne terminée par un crochet, et qui tenait lieu de crémaillère, invention plus moderne ; Martin s'occupait à raccommoder un banc, car, à cette époque, chacun était son menuisier et son serrurier, comme son tailleur et son cordonnier, et de temps en temps il jetait un coup d'œil de surveillance sur les trois enfans.

On leur laissait la liberté de se livrer aux amusemens de leur âge derrière les sièges qui entouraient la cheminée, et même de faire des excursions dans deux ou trois petits appartemens qui donnaient dans cette salle, et qui leur fournissaient d'excellens moyens pour jouer à cache-cache. Ce soir pourtant les enfans ne paraissaient pas disposés à user du privilège qu'ils avaient de visiter ces sombres régions, et ils préférèrent se livrer à leurs jeux dans la salle où était toute la compagnie.

Pendant ce temps Alice d'Avenel, assise près d'un chandelier de fer qui soutenait une torche de fabrique domestique, lisait à haute voix quelques passages qu'elle choisissait dans un gros volume fermant avec des agrafes, qu'elle conservait avec grand soin. Elle avait appris à lire dans le couvent où elle avait été élevée ; mais, depuis quelques années, elle n'en faisait usage que pour

lire ce seul volume, qui composait toute sa bibliothèque. On écoutait les fragmens qu'elle choisissait, comme
des choses qui méritaient qu'on les entendît avec respect, soit qu'on les comprît ou non. Alice avait résolu
d'initier plus complètement sa fille dans les mystères de
ce livre, mais leur connaissance, à cette époque, expo-
sait à des dangers personnels, et l'âge de Marie ne lui
permettait pas encore de compter sur sa prudence.

Le bruit que faisaient les enfans en jouant, interrom-
pant quelquefois cette lecture, attira aux jeunes coupables une réprimande d'Elspeth.

— Ne pouvez-vous pas aller jouer plus loin, s'il faut
que vous fassiez tant de tapage? et elle y joignit la menace de les envoyer tous se coucher, s'ils étaient encore
aussi turbulens. Craignant cette punition sévère, les
enfans jouèrent d'abord plus tranquillement et sans
faire de bruit ; mais fatigués bientôt de cette contrainte,
ils coururent dans un des appartemens voisins pour y
jouir de plus de liberté.

Tout à coup on vit rentrer dans la salle les deux
jeunes Glendinning, qui s'écrièrent qu'il y avait un
homme armé dans la salle à manger.

— Il faut que ce soit Christie de Clint-hill, dit Martin
en se levant; quel motif peut l'amener ici à une pareille
heure ?

— Et comment y est-il entré ? demanda Elspeth.

— Et qu'y vient-il chercher ? dit lady Avenel. Cet
homme était un des principaux affidés de son beau-
frère Julien. Il était déjà venu plusieurs fois de sa part
à Glendearg, et de cruels soupçons s'élevèrent en ce
moment dans l'esprit de cette bonne mère. Juste ciel !
s'écria-t-elle en se levant précipitamment, où est ma fille?

Tout le monde courut à la salle à manger, Halbert s'étant emparé d'un vieux sabre rouillé, et Édouard s'étant armé du gros livre d'Alice. Leur frayeur se calma en grande partie, en rencontrant Marie à la porte de la salle ; elle ne paraissait ni troublée ni alarmée. Ils entrèrent dans la salle à manger, et n'y trouvèrent personne.

— Où est donc Christie de Clint-hill? demanda Martin à Marie.

— Christie de Clint-hill? répéta-t-elle : je n'en sais rien, je ne l'ai pas vu.

— Approchez donc, mauvais sujets, dit Elspeth à ses deux enfans, et dites-moi pourquoi vous accourez dans la salle, avec ces cris, pour nous faire un pareil conte et effrayer tout le monde.

Les deux jeunes gens se regardèrent l'un l'autre d'un air confus, et ne répondirent rien. Elspeth continua sa mercuriale.

— Et encore choisir la veille de la Toussaint pour nous jouer un tour semblable, et prendre le moment où milady nous faisait une lecture de piété! mais je vous promets que vous serez sévèrement punis.

L'aîné baissa les yeux, le cadet versa quelques larmes; Marie s'avança vers mistress Glendinning. — Ne les grondez pas, dame Elspeth, lui dit-elle; c'est moi qui ai fait la faute, c'est moi qui leur ai dit que j'avais vu un homme dans la salle à manger.

— Et pourquoi leur avez-vous dit une pareille chose?

— Parce que j'y avais véritablement vu un homme armé, et parce qu'étant surprise, je n'ai pu m'empêcher de le dire à Halbert et à Édouard.

— C'est elle qui me l'a assuré, dit Halbert, sans quoi je n'en aurais point parlé, puisque je n'ai vu personne.

— Ni moi, dit Édouard.

— Miss Marie, dit Elspeth, vous ne nous avez jamais fait de mensonge, ainsi dites-nous la vérité, et que cela finisse. Avez-vous réellement vu quelqu'un ? était-ce Christie de Clint-hill ? Je ne voudrais pas pour un marc d'or qu'il fût dans la maison sans qu'on sût où il est, et ce qu'il y vient faire.

— Je vous dis que j'ai vu un homme armé, répéta Marie, mais ce n'était pas Christie de Clint-hill.

— Et qui était-ce donc ? demanda Elspeth.

— C'était, répondit Marie en hésitant, un homme qui avait sur la poitrine une cuirasse brillante en acier, toute semblable à celle que j'ai vue, il y a bien long-temps, à Avenel, quand nous y demeurions.

— Et comment était-il fait ? demanda Tibbie, qui prit part aussi à l'interrogatoire.

— Il avait les yeux, la barbe et les cheveux noirs, répondit l'enfant ; il portait autour du cou plusieurs rangs de perles qui tombaient jusque sur sa cuirasse ; il avait à son côté une grande épée dont la poignée d'or était ornée de pierres précieuses, et il portait sur le poing gauche un beau faucon avec des sonnettes d'argent.

— Pour l'amour de Dieu ! ne lui faites pas plus de questions, dit Tibbie à Elspeth, mais regardez milady ! Lady Avenel, prenant Marie par la main, se détourna sur-le-champ, et retourna avec elle dans la salle, de sorte qu'on ne put juger de l'effet qu'avaient produit sur elle les réponses de sa fille. Quant à Tibbie, faisant plusieurs fois le signe de la croix, elle s'approcha d'Els-

8.

peth, et lui dit à l'oreille : — Que sainte Marie nous protège! l'enfant a vu son père !

Quand elles arrivèrent dans la grande salle, elles y trouvèrent lady Avenel tenant sa fille sur ses genoux et l'embrassant tendrement (1). Mais elle se leva à l'instant comme pour se dérober aux observations, et se retira dans le petit appartement où elle occupait le même lit avec sa fille.

Les enfans furent envoyés dans leur chambre, les domestiques se retirèrent chacun dans la leur, Martin même en fit autant, et il ne resta près du feu que mistress Elspeth et la fidèle Tibbie, toutes deux excellentes personnes, et dont la langue était aussi bien pendue que celle de la plus franche commère de la Grande-Bretagne.

Il était tout naturel qu'elles prissent pour sujet de conversation l'apparition surnaturelle qui venait d'alarmer toute la maison.

— J'aurais préféré, Dieu me préserve! dit mistress Glendinning, que ce fût le diable en personne plutôt que ce Christie de Clint-hill, car le bruit court dans le pays que c'est un des plus grands pillards qui aient jamais manié une lance.

— Bon! bon! dame Elspeth, dit Tibbie, ne craignez rien de Christie, les crapauds même ont soin d'entretenir la propreté dans leurs trous; mais vous autres qui tenez à l'Église, vous ne pardonnez rien aux pauvres gens. Les lairds des frontières seraient bientôt à cheval, si ces braves garçons ne les tenaient un peu en haleine.

---

(1) Sujet de la vignette du titre de ce volume. — ÉD.

— Il vaudrait mieux qu'ils restassent tranquilles chez eux, que d'aller piller même les Anglais comme ils le font.

—Mais si vous leur retirez leurs lances et leurs épées, qui donc s'opposera à ces brigands du sud? Sera-ce nous autres vieilles femmes, avec nos fuseaux et nos quenouilles, ou seront-ce les moines avec leurs cloches et leurs livres?

— Et plût à Dieu qu'on ne leur eût laissé ni lances ni sabres! J'ai plus d'obligation à un Anglais, à Stawarth Bolton, qu'à tous les maraudeurs qui aient jamais porté la croix de Saint-André. Je regarde leurs excursions et leurs pillages comme la principale cause des querelles entre l'Angleterre et l'Écosse; et je leur dois la perte d'un bon mari. L'union du prince avec notre reine n'est autre chose qu'un prétexte: ce sont les gens comme Christie qui, en allant piller sans cesse les habitans du Cumberland, les ont fait tomber sur nous comme des dragons.

En toute autre circonstance, Tibbie n'aurait pas laissé sans réponse des réflexions qu'elle regardait comme insultantes pour ses concitoyens: mais elle se souvint qu'Elspeth était la maîtresse de la maison; et, réprimant son patriotisme zélé, elle se hâta de faire retomber la conversation sur l'événement du jour.

— Mais n'est-il pas bien étrange, dit-elle, que l'héritière d'Avenel ait vu son père ce soir?

— Vous pensez donc que c'était son père? demanda Elspeth.

— Et qui voulez-vous que ce soit? répondit Tibbie.

— Ce pourrait être quelque chose de pire, quelque esprit avec sa ressemblance.

— C'est ce que je ne saurais dire; mais quant à la ressemblance, j'en puis parler, d'après la description de miss Marie. C'était ainsi qu'il était vêtu quand il allait faire une chasse à l'oiseau. Il portait toujours la cuirasse, parce qu'il ne manquait pas d'ennemis dans le pays; et quant à moi, dame Elspeth, je crois qu'un homme n'a pas l'air d'un homme quand il n'a pas d'acier sur la poitrine et à son côté.

— Je n'aime pas tout ce qui sent la guerre, Tibbie, mais j'aime encore moins les visions la veille de la Toussaint; elles portent toujours malheur : je dois le savoir, puisque j'en ai eu une moi-même.

— Bien vrai! dame Elspeth, dit Tibbie en approchant son escabelle de l'énorme fauteuil dans lequel était assise la veuve de Simon Glendinning. Vous devriez bien me conter cela.

— Vous saurez donc que, quand j'étais jeune fille de dix-huit à vingt ans, j'aimais le plaisir et la gaieté, et ce n'était pas ma faute si je n'étais pas à toutes les fêtes de nos environs.

— Oui; mais vous en avez bien rabattu depuis ce temps, sans quoi vous ne parleriez pas si légèrement de nos braves cavaliers que vous nommez des maraudeurs.

— Dans ce qui m'est arrivé, Tibbie, il y a de quoi rendre une femme sérieuse pour la vie. Au surplus, une fille comme j'étais alors ne devait pas manquer de galans.

— Sans doute, sans doute, dame Elspeth; et l'on s'en aperçoit bien encore aujourd'hui.

— Fi donc! Tibbie, fi donc! dit la veuve Glendinning en rapprochant à son tour son fauteuil du tabouret, je sais que mon temps est passé; mais, à cette époque, on ne fermait pas les yeux de peur de me voir, et d'ailleurs je n'étais pas sans avoir un morceau de terre au bout de mon tablier. Mon père était propriétaire de Littledearg.

— Je le sais, dame Elspeth, vous me l'avez déjà dit. Mais parlez-moi donc de votre vision?

— Eh bien donc, j'avais alors plus d'un amoureux, mais je ne m'étais encore déclarée pour aucun, de sorte qu'une veille de Toussaint le père Nicolas, cellérier de l'abbaye, celui qui l'était avant le père Clément, mangeait des noix et buvait de la bière avec nous. On était en gaieté, et l'on me dit que je devrais faire un charme pour savoir qui j'épouserais. Je ne manquais pas de hardiesse, et je me rendis dans la grange pour cribler trois fois mon pesant d'orge. Il faisait un superbe clair de lune, et je n'avais pas encore fini ma besogne, quand je vis entrer dans la grange la ressemblance parfaite de Simon Glendinning, tenant une flèche en main. Je poussai un grand cri et je perdis connaissance. Ce ne fut pas sans peine qu'on me fit revenir à moi, et l'on voulut me faire croire que c'était un tour concerté entre Simon et le père Nicolas, et que la flèche représentait le trait de Cupidon, comme le dit le père. Simon lui-même m'assura la même chose après notre mariage; car il n'aimait pas, le brave homme, qu'on dît que son esprit avait paru hors de son corps pendant sa vie. Mais remarquez bien la fin, Tibbie; nous fûmes mariés, et douze ans après ce fut une flèche qui fut cause de sa mort.

— Comme la cause de celle de tant d'autres braves gens. Je voudrais qu'il n'existât pas une seule oie dans le monde (1), excepté la couvée qui est dans la basse-cour.

— Mais dites-moi donc, Tibbie, ce que votre maîtresse est toujours à lire dans son gros livre noir fermé avec des agrafes d'argent? Il s'y trouve de bien belles paroles pour être prononcées par d'autres que par un prêtre. S'il parlait de Robin-Hood, ou des compagnons de David-Lindsay, on le comprendrait mieux, et l'on saurait qu'en penser. Ce n'est pas que j'aie des soupçons sur votre maîtresse, mais on ne se soucierait pas d'avoir une maison honnête remplie d'esprits et de revenans.

— Vous auriez bien tort, mistress, répondit Tibbie un peu offensée, d'avoir le moindre soupçon relativement à ce que dit et à ce que fait ma maîtresse; et quant à l'enfant, on sait qu'elle est née il y a neuf ans, la veille de la Toussaint, et que ceux qui sont nés ce jour-là en voient plus que les autres.

— Et c'est sans doute pourquoi l'enfant n'a point paru plus effrayée de ce qu'elle a vu. Si c'eût été Édouard, ou même Halbert, qui est d'un caractère plus résolu, il aurait crié comme un sourd toute la nuit. Mais il est probable que ces sortes de visions sont plus naturelles pour mistress Marie.

— Cela doit être, puisqu'elle est née la veille de la Toussaint, comme je vous le disais; et malgré cela la pauvre petite, comme vous pouvez le voir vous-même, est précisément comme les autres enfans; et excepté ce soir, et celui où nous étions égarés dans ce mauvais marécage en venant ici, je ne sache pas qu'elle ait jamais eu plus de visions que les autres.

_____

(1) Parce que leurs plumes servent pour les flèches. — Éd.

— Et qu'a-t-elle donc vu dans le marécage, si ce n'est des coqs de bruyère et des poules d'eau ?

— Elle a vu une dame blanche qui nous montrait le chemin, sans quoi nous aurions peut-être été engouffrés dans quelque fondrière. Il est certain que Shagram était rétif, et Martin dit que cela ne lui était jamais arrivé.

— Et devinez-vous qui pouvait être cette dame blanche ?

— C'est une chose bien connue, dame Elspeth ; et, si vous aviez vécu comme moi avec les grands, vous ne l'ignoreriez pas.

— Dieu merci, dit Elspeth un peu piquée, je n'ai jamais vécu avec la canaille ; et si je n'ai pas vécu avec les grands, les grands ont vécu avec moi.

— Bien, bien, dame Elspeth, je vous demande pardon, je ne voulais pas vous offenser ; mais il faut que vous sachiez que les grandes et anciennes familles ne peuvent être servies par les saints ordinaires, comme saint Antoine et saint Cuthbert, qui vont et viennent à la volonté du premier pécheur, mais qu'elles ont une autre sorte de saints, ou d'anges, ou de je ne sais quoi, qui ne sont destinés que pour elles ; et quant à la dame blanche d'Avenel, elle est connue dans tout le pays : on la voit paraître et on l'entend pleurer quand quelqu'un de la famille doit mourir, comme vingt personnes en ont été témoins avant la mort de Walter Avenel.

— Si c'est là que se bornent tous les services qu'elle peut rendre, dit la veuve Glendinning, ce n'est pas la peine de lui brûler des cierges. N'a-t-elle jamais rien fait de mieux ?

— Elle a toujours protégé la famille, comme on peut le voir dans les vieilles légendes ; mais je ne me rappelle pas qu'elle ait rien fait pour elle de mes jours, si ce n'est qu'elle nous a tirés du marécage.

— Eh bien, Tibbie, dit Elspeth en se levant et en allumant sa lampe, si tels sont les privilèges de vos grands, je n'en suis pas jalouse. Notre-Dame et saint Paul sont d'assez grands saints pour moi, et je garantis qu'ils ne me laisseront jamais dans un marécage, s'ils peuvent m'en tirer, puisque tous les ans, à la Chandeleur, j'envoie quatre cierges à leur chapelle; et s'ils ne pleurent pas quand je mourrai, ils riront quand je ressusciterai pour la vie éternelle, que je vous souhaite ainsi qu'à moi.

— *Amen*, répondit Tibbie avec dévotion; mais il est temps que je couvre le feu, si nous voulons en retrouver demain matin, car il est près de s'éteindre.

Pendant qu'elle s'occupait de cette besogne, la veuve de Simon Glendinning jeta un coup d'œil de tous côtés dans la salle pour voir si tout était à sa place; et, souhaitant une bonne nuit à Tibbie, elle se retira.

— Vraiment, vraiment, dit Tibbie quand elle se trouva seule, parce qu'elle a été la femme d'un petit laird (1) vassal du clergé, elle se croit l'égale de la femme de chambre d'une dame de qualité!

Et après avoir consolé son amour-propre par cette exclamation, elle gagna aussi sa chambre à coucher.

(1) *Cock laird.* — Éd.

CHAPITRE V.

« Un prêtre ! dites-vous. — Mais un berger boiteux
» Peut-il donc rassembler le troupeau qui s'égare ?
» Un chien muet peut-il aux dents d'un loup furieux
» Arracher la brebis avant qu'il s'en empare ?
» C'est devant un bon feu qu'un prêtre est bien placé,
» Quand Phillis de ses mains apprête le souper. »

La Réformation.

La santé de lady Avenel déclinait visiblement depuis qu'elle avait eu le malheur de perdre son époux. Les cinq années qui s'étaient écoulées avaient exercé sur elle le ravage de cinquante, elle perdit la souplesse de sa taille, la couleur de ses joues, son embonpoint et ses forces. Ce n'était pas une maladie qui eût un caractère prononcé ; c'était plutôt une sorte de langueur et d'abattement qui la consumait : ses lèvres devinrent blêmes, sa vue trouble, et cependant elle ne témoignait aucun désir de voir un prêtre. Elspeth Glendinning ne put s'empêcher de lui faire les observations que lui suggéra

9

son zèle. Alice d'Avenel les reçut avec bienveillance, et l'en remercia.

— Si quelque bon prêtre, lui dit-elle, voulait se donner la peine de venir la voir, elle le recevrait volontiers, car les prières et les conseils d'un homme vertueux doivent toujours être salutaires.

Ce simple assentiment n'était pas tout à fait ce qu'Elspeth aurait voulu; mais s'il lui semblait qu'Alice n'avait pas montré assez d'empressement à recevoir des secours spirituels, elle y suppléa par son enthousiasme, et Martin fut chargé d'aller au monastère de Sainte-Marie, avec toute la diligence que Shagram pourrait faire, et de prier l'un des religieux de venir administrer les dernières consolations à la veuve de Walter d'Avenel.

Lorsque le sacristain eut annoncé au révérend abbé que la veuve de Walter d'Avenel, étant dangereusement malade, désirait qu'on lui envoyât un confesseur à la tour de Glendearg, où elle s'était réfugiée, le digne moine parut y réfléchir un instant.

— Nous nous rappelons bien Walter d'Avenel, dit-il; c'était un brave et vaillant chevalier, qui fut dépouillé de ses biens et massacré par les Anglais. Sa veuve ne pourrait-elle pas venir ici chercher les consolations dont elle a besoin; la distance est grande et le trajet est pénible.

— Lady Avenel est malade, mon révérend père, répondit le sacristain, et elle est hors d'état de supporter les fatigues du voyage.

— Allons, allons, c'est bien; un de nos frères se rendra auprès d'elle. Ce Walter d'Avenel lui a-t-il laissé un douaire considérable?

— Presque rien! révérend père, presque rien en vérité, répondit le sacristain; elle demeure, depuis la mort de son mari, à Glendearg, chez une pauvre veuve appelée Elspeth Glendinning, qui lui a accordé charitablement un asile.

— Comment donc, père Philippe, il paraît que vous connaissez toutes les veuves des environs, dit l'abbé. Eh! eh! eh! et il se mit à rire à cœur-joie de sa plaisanterie.

— Eh! eh! eh! répéta le sacristain de l'air et du ton avec lequel un inférieur applaudit au bon mot de son supérieur; puis il ajouta, en baissant la voix, avec une humilité profonde et en clignant de l'œil d'un air hypocrite, n'est-ce pas notre devoir, mon très-révérend père, de consoler la veuve? Eh! eh! eh!

Son rire fut plus modéré cette fois; il attendait que l'abbé le sanctionnât en le répétant, car il n'eût osé prendre l'initiative en pareil cas.

— Eh! eh! eh! pas mal, père Philippe, pas mal en vérité; parlons sérieusement; vous allez mettre vos habits de voyage, et vous irez confesser cette lady Avenel.

— Mais, dit le sacristain.....

— Point de *mais*; il ne doit point y avoir de *mais* ni de *si* entre un moine et un abbé, père Philippe; il ne faut pas souffrir que les liens de la discipline se relâchent. L'hérésie fait tous les jours de nouvelles recrues, la multitude attend des confessions et des prédications de nous autres bénédictins, comme si nous étions des moines mendians, et nous devons travailler sans cesse à la vigne du Seigneur, quelque peine que nous soyons obligés de nous donner.

— Et quelque peu d'avantage que puisse en retirer le saint monastère, ajouta le sacristain.

— Il est vrai, père Philippe; mais ne savez-vous pas qu'empêcher le mal c'est faire le bien? Ce Julien d'Avenel ne se ferait pas scrupule de piller les terres du monastère, et si nous manquions à la veuve de son frère, nous pourrions bien avoir sujet de nous en repentir. D'ailleurs c'est un devoir que nous ne pouvons nous dispenser de remplir à l'égard d'une famille ancienne, dont les membres, dans leur prospérité, ont été les bienfaiteurs du monastère. Partez donc à l'instant, mon frère, voyagez jour et nuit s'il le faut, et qu'on voie avec quel empressement l'abbé Boniface et ses dignes enfans remplissent les devoirs de leur saint ministère. Montrons que ni la fatigue ni la crainte ne sont capables d'arrêter leur zèle; car la vallée a cinq milles de longueur, et l'on dit qu'elle est peuplée d'êtres surnaturels; montrons que nous savons braver tous ces dangers, à la confusion des hérétiques qui nous calomnient, et à l'édification de tous les fidèles enfans de l'église catholique. Je voudrais bien savoir ce que notre frère Eustache en pensera.

Frappé du tableau qu'il venait de tracer lui-même des dangers et de la fatigue à laquelle il allait s'exposer, et de la gloire qu'il allait acquérir par procuration; l'abbé regagna lentement le réfectoire pour finir son modeste repas; et le sacristain, d'assez mauvaise humeur, partit avec le vieux Martin pour Glendearg, où il arriva sans avoir éprouvé d'autre peine sur la route que celle de modérer l'ardeur de sa mule fringante, afin de la mettre à peu près au pas du pauvre Shagram.

Après être resté une heure dans la chambre de la malade, le moine en sortit l'air pensif et rêveur. Elspeth, qui avait préparé pour lui quelques rafraîchissemens dans la pièce voisine, fut frappée de l'altération qu'elle remarqua dans ses traits. Elle l'observait avec une vive inquiétude : elle croyait remarquer plutôt l'abattement d'un homme qui vient de recevoir l'aveu d'un crime énorme, que le regard calme et serein d'un confesseur qui vient de réconcilier une pénitente avec le ciel. Après avoir hésité long-temps, elle ne put s'empêcher de hasarder une question. Elle était sûre, dit-elle, que lady Avenel n'avait pu qu'édifier le révérend père ; il y avait cinq ans qu'elle demeurait avec elle, et elle pouvait dire en toute sûreté que jamais femme n'avait mené une vie plus exemplaire.

— Femme, dit le sacristain d'un ton sévère, tu parles sans savoir : que sert de tenir propre l'extérieur du vase si l'hérésie en souille l'intérieur.

— Nos plats et nos assiettes pourraient être plus propres sans doute, saint moine, dit Elspeth ne comprenant qu'à demi ce que disait le père sacristain, et commençant à essuyer avec son tablier la poussière de ses assiettes et de ses plats.

— Non, non, dame Elspeth, dit le moine, vos plats sont aussi propres que peut l'être la vaisselle de bois et d'étain ; mais la souillure dont je parle est celle de cette hérésie pestilentielle dont les progrès deviennent de jour en jour plus effrayans, et qui est comme le ver dans la guirlande de rose de l'épouse.

— Sainte mère de Dieu, s'écria Elspeth en faisant un signe de croix, ai-je donc demeuré avec une hérétique ?

— Je ne dis pas cela, dame Elspeth, je ne dis pas cela, ce serait traiter trop sévèrement cette malheureuse dame ; mais je voudrais pouvoir dire que ces doctrines funestes, que l'hérésie a propagées, n'ont fait aucune impression sur mon ame. Hélas ! c'est un fléau conta-

gieux qui fait de grands ravages dans le troupeau, et
qui n'épargne même pas les plus belles brebis; car il est
évident que cette dame n'a pas été moins distinguée par
ses connaissances que par son rang.

— Et elle sait lire et écrire, j'allais presque dire aussi
bien que Votre Révérence, ajouta Elspeth.

— A qui écrit-elle, et que lit-elle? demanda le moine
avec empressement.

— Certes, dit Elspeth, je ne puis dire que je l'aie jamais vue écrire; mais sa femme de chambre, qui aujourd'hui est au service de la maison, dit qu'elle écrit
fort bien, et quant à la lecture, elle nous a souvent lu
de bien belles choses dans un gros volume noir fermé
par des agrafes d'argent.

— Montrez-le-moi ce livre, s'écria le moine; comme
vassale et comme catholique, je vous somme de me le
montrer à l'instant.

Dame Elspeth hésita, alarmée du ton dont le confesseur lui adressait cette demande, et étant d'ailleurs
convaincue qu'un livre qu'une dame aussi respectable
que lady Avenel étudiait avec tant d'ardeur ne pouvait
contenir des principes dangereux. Subjuguée cependant
par les cris, les exclamations, et même les menaces auxquelles le père Philippe eut recours, elle finit par lui
apporter le fatal volume. Il lui était facile de le faire
sans que lady Avenel conçût le moindre soupçon; car la
longue conférence qu'elle avait eue avec son confesseur
avait épuisé le peu de forces qui lui restaient, et elle
était étendue sur son lit presque sans connaissance. Il
n'était même pas nécessaire de passer dans sa chambre
pour entrer dans le cabinet où le livre était déposé avec
le peu d'effets qu'elle possédait encore; une autre porte

y conduisait. Quel motif Alice eût-elle eu d'ailleurs pour
le cacher, lorsque la famille dans laquelle elle se trouvait ne lisait jamais elle-même, et ne voyait même jamais
lire ?

Dame Elspeth s'empara donc aisément du volume,
quoique son cœur l'accusât en secret de montrer peu
de délicatesse à l'égard d'une amie, — d'une femme qui
lui avait demandé l'hospitalité. Mais c'était un maître
qui commandait; et le courage qu'elle eût pu déployer
pour lui résister était, je gémis de le dire, combattu
aussi par la curiosité qui a tant de pouvoir sur une fille
d'Ève! Elle brûlait d'avoir quelque explication sur le
volume mystérieux pour lequel Alice d'Avenel montrait
tant d'affection, et qu'elle ne leur lisait jamais qu'après
avoir fait soigneusement fermer la porte de la tour, tant
elle craignait que quelqu'un ne vînt les interrompre;
mais il était évident, par le choix des passages dont elle
leur faisait la lecture, qu'elle cherchait plus à graver
dans leurs ames les principes que le volume contenait,
qu'à le leur présenter comme une nouvelle règle de foi.

Lorsque Elspeth, partagée entre le remords et la curiosité, eut remis le livre entre les mains du moine, celui-ci s'écria, après l'avoir ouvert :

— Par ma foi, voilà ce que je soupçonnais! Ma
mule! ma mule! je ne resterai pas un instant de plus
dans cette maison. Que vous avez bien fait, dame Elspeth, de déposer entre mes mains ce dangereux volume.

— Dieu! serait-ce un sortilège? serait-ce l'ouvrage
du démon? dit Elspeth très-agitée.

— Non, Dieu me préserve, dit le moine en faisant le
signe de la croix, c'est l'Écriture sainte; mais elle est

traduite en langue vulgaire, et par conséquent, par ordre de la sainte Église catholique, elle ne peut être laissée entre les mains d'un laïque.

— Et cependant c'est l'Écriture sainte qui nous a été transmise pour notre salut commun, dit Elspeth ; mon père, éclairez, je vous prie, mon ignorance ; le manque d'esprit ne saurait être un péché mortel, et, d'après mes faibles idées, j'aimerais beaucoup à lire l'Écriture.

— Oui, sans doute, dit le moine ; et ce fut ainsi que notre mère Ève voulut acquérir la connaissance du bien et du mal, et ce fut ainsi que le péché entra dans le monde, et la mort à la suite du péché.

— Ce n'est que trop vrai, mon père ; hélas ! que n'a-t-elle suivi les conseils de saint Pierre et de saint Paul !

— Que n'a-t-elle respecté le commandement di 'n ? Je vous le dis, Elspeth, *la lettre tue*, c'est-à-dire le texte seul, lu par des yeux profanes, est comme ces médecines violentes que prennent les malades. Si c'est un médecin habile qui les leur donne à propos, ils guérissent en peu de temps ; mais s'ils veulent se traiter eux-mêmes, le remède appliqué inconsidérément se change en poison, et ils périssent victimes de leur propre imprudence.

— Sans doute, sans doute, s'écria la pauvre Elspeth toute tremblante, personne ne le sait mieux que Votre Révérence.

— Ce n'est pas moi qu'il faut croire, dame Elspeth, dit le père Philippe du ton d'humilité qu'il crut convenir au sacristain du monastère de Sainte-Marie, c'est le très-saint père de la chrétienté, c'est notre révérend père l'abbé Boniface. Moi, pauvre sacristain, je ne puis que répéter ce que j'entends dire à mes supérieurs ;

mais soyez sûre, dame Elspeth, que la lettre, la simple
lettre tue. L'Église a ses ministres pour l'expliquer aux
fidèles; et je ne parle pas, mes très-chers frères....., je
veux dire ma très-chère sœur, car le sacristain était re-
tombé dans la péroraison d'un de ses anciens sermons;
je ne parle pas des curés, des vicaires et du clergé séculier, ainsi nommé parce qu'il suit la mode et les
usages du siècle, *sæculum*, affranchis de ces liens qui
nous séquestrent du monde : je ne parle pas non plus
des frères mendians ou noirs, mais bien des moines, et
surtout des bénédictins réformés sur la règle de saint
Bernard de Clairveaux; aussi, mes frères....., je veux
dire ma sœur, gloire et prospérité au pays qui possède
le monastère de Sainte-Marie, monastère qui a fourni
plus de saints, plus d'évêques, plus de papes qu'aucun
autre établissement religieux de l'Écosse. Ainsi donc.....
Mais je vois que Martin vient d'amener ma mule. Recevez donc le baiser de paix, je vais me remettre en route,
ce qui ne serait pas sans danger plus tard, s'il faut en
croire les bruits qui courent sur la vallée. D'ailleurs, si
le gardien du pont ne laissait plus passer lorsque j'arri-
verai, je serais obligé de traverser à gué la rivière, dont
les eaux m'ont paru un peu grossies.

Le sacristain partit en disant ces mots, laissant dame
Elspeth encore étourdie de la rapidité avec laquelle il
avait débité sa péroraison, et la conscience un peu agi-
tée au sujet du livre qu'elle n'aurait dû, se disait-elle,
communiquer à personne à l'insu de celle à qui il appartenait.

Malgré l'empressement que le moine ainsi que sa
mule montraient de regagner leur gîte; malgré le désir

du père Philippe d'être le premier à apprendre à l'abbé qu'un exemplaire du livre qu'ils redoutaient le plus avait été trouvé dans l'enceinte même des domaines du monastère ; malgré même certains sentimens qui l'engageaient à quitter, avec toute la diligence possible, la sombre vallée qui ne jouissait pas d'une très-bonne réputation : tel était le mauvais état de la route, et le peu d'habitude du cavalier à se tenir sur sa selle, qu'il n'en était pas encore tout-à-fait sorti lorsque le soleil avait déjà disparu de l'horizon.

Tout contribuait à augmenter la terreur du père Philippe, et le balancement des arbres, et le bruit des feuilles que le vent agitait, et jusqu'à la vue des rochers qui lui semblaient plus escarpés qu'en plein jour. Aussi se trouva-t-il soulagé d'un grand poids lorsqu'il sortit de cette espèce de défilé ; il entra dans la belle vallée de la Tweed, dont les eaux contenues dans un lit, tantôt plus large, tantôt plus resserré, suivent un cours majestueux avec une dignité qui la distingue des quatre rivières d'Écosse ; car, même dans les temps les plus secs, la Tweed remplit presque toujours l'espace que ses rives embrassent, et ne laisse pas à découvert ces lits de roseaux qui, en Écosse, couvrent le bord des plus belles eaux.

Le moine, peu touché des beautés du site qu'il parcourait, était cependant, en prudent général, charmé de se trouver hors de la vallée étroite où l'ennemi eût pu le surprendre sans être vu. Il remit sa mule à son amble naturel, au lieu du trot agité et inégal qu'elle avait pris, à la grande souffrance du cavalier ; et, s'essuyant le front, il contempla à loisir la lune brillante qui, mêlant sa douce clarté à celle des étoiles, s'élevait au-dessus des plaines et des forêts, et éclairait dans le lointain l'antique monastère.

Ce qui détruisait aux yeux du moine tout l'effet de cette belle perspective, c'était que le monastère s'élevait sur l'autre rive. Les beaux ponts qu'on voit aujourd'hui sur ce fleuve classique n'existaient pas alors; mais en récompense il y en avait un autre qui, depuis détruit par la main du temps, n'offre plus que quelques ruines à l'œil curieux de l'observateur.

Ce pont était d'une construction singulière. Deux appuis solides en pierre étaient bâtis de chaque côté du fleuve, dans un endroit où son lit est très-resserré. Sur un rocher, au milieu du fleuve, s'élevait une tour dont la base, construite dans la forme d'un pilier de pont, présentait un angle au courant. Dans la partie inférieure était pratiquée une sorte d'arcade ou de passage. De chaque côté, au-dessus de l'entrée, était un pont-levis qui, lorsqu'il était baissé, réunissait l'arcade à l'appui construit sur le rivage, et sur lequel l'extrémité du pont reposait.

Le gardien du pont, qui était sous la dépendance d'un baron du voisinage, habitait avec sa famille le second et le troisième étages de la tour, qui, lorsque les deux ponts étaient levés, formait une forteresse isolée au milieu du fleuve. Il avait le droit de percevoir une légère rétribution pour le passage; mais le montant n'en était pas fixé, et c'était quelquefois un sujet de disputes entre les passans et lui. Il est inutile de dire que ces querelles se terminaient presque toujours à l'avantage du gardien, qui pouvait laisser, s'il le voulait, le voyageur sur l'autre rive, ou le faire passer sur un pont seulement, et le retenir prisonnier dans sa tour jusqu'à ce qu'ils fussent d'accord sur le prix du passage.

Mais c'était surtout avec les moines du monastère de Sainte-Marie que ces disputes étaient fréquentes. Ils avaient demandé et avaient fini par obtenir le droit de passer gratuitement, au grand mécontentement du gardien. Mais lorsqu'ils demandèrent le même privilège pour les nombreux pèlerins qui venaient les visiter, le gardien déploya la plus vive résistance; et cette fois il fut soutenu par son maître. On s'échauffa de part et d'autre; l'abbé menaça le seigneur et son suppôt de les excommunier. Le gardien du pont ne pouvait le payer de la même monnaie; mais du moins lorsqu'un moine demandait le passage, il avait soin, avant de le lui accorder, de lui faire subir une sorte de purgatoire. C'était un grand désagrément sans doute, et c'en eût été un plus grand encore si, dans les temps ordinaires, le fleuve n'avait pas été guéable, tant à pied qu'à cheval.

C'était par un beau clair de lune, comme nous l'avons déjà dit, que le père Philippe s'approchait de ce pont, dont la construction singulière rappelle les temps de trouble et de terreur. La rivière n'était pas débordée, mais elle était au-dessus de son niveau ordinaire, et le moine n'avait aucune envie de la passer à gué, s'il pouvait trouver d'autres moyens de la traverser.

—Pierre, mon bon ami, dit-il en élevant la voix, mon cher Pierre, ayez la bonté de baisser le pont-levis. Pierre, ne m'entendez-vous pas? c'est votre ami, c'est le père Philippe qui vous appelle.

Pierre l'entendait fort bien, et, qui plus est, il le voyait parfaitement; mais comme le sacristain lui avait paru son ennemi déclaré dans la dispute qu'il avait eue avec le monastère, il alla tranquillement se coucher en disant à sa femme que le sacristain ne mourrait pas pour traverser la rivière à gué, au clair de la lune, et que cela lui apprendrait à connaître une autre fois la valeur d'un pont sur lequel on pouvait passer en tout temps sans danger.

Après avoir fait de vains efforts de poumons pour réveiller Pierre, après avoir employé tour à tour, et toujours inutilement, les prières et les menaces, le père Philippe, tout en le maudissant, se mit à chercher le gué, et bientôt il se persuada que le passage était, non-seulement sans danger, mais même agréable. Le calme silencieux qui régnait autour de lui, la douce fraîcheur répandue dans l'atmosphère, avaient contribué à faire succéder une douce sécurité à sa première inquiétude.

Lorsque le sacristain fut arrivé sur le bord de la rivière, à l'endroit où il devait la traverser, il vit sous les débris encore majestueux d'un vieux chêne une femme qui pleurait, se tordait les mains, et fixait un regard douloureux sur le fleuve. Le moine fut frappé d'étonnement de trouver une femme seule dans cet endroit, à une pareille heure. Mais il était en tout honneur, ou sinon je le lui mets sur la conscience, il était, dis-je, un chevalier dévoué du beau sexe. Après l'avoir observée quelque temps, sans qu'elle parût remarquer sa présence, il fut touché de sa peine, et il voulut lui offrir ses services. — Belle dame, lui dit-il, vous semblez plongée dans une affliction profonde; peut-être cet infame gardien vous a-t-il, comme à moi, refusé le passage du pont, et peut-être vous tarde-t-il de vous trouver sur l'autre rive pour accomplir un vœu, ou pour remplir quelque autre devoir.

La jeune dame répondit par quelques sons inarticulés, regarda la rivière et puis le sacristain. Le père Philippe se rappela à l'instant qu'on attendait depuis quelque temps au monastère un chef de distinction qui devait venir adorer les reliques de Sainte-Marie ; il se demanda si cette belle inconnue ne serait pas une personne de sa famille, voyageant seule pour accomplir un vœu, et méritant tous les égards et toutes les prévenances possibles, d'autant plus qu'elle paraissait ignorer entièrement la langue du pays. Tel fut du moins le seul motif que le sacristain donna pour expliquer la courtoisie qu'il montra dans cette occasion ; s'il en avait quelque autre, je le répète, je les lui laisse sur la conscience.

Obligé de s'exprimer par signes, le langage commun de toutes les nations, le sacristain montra d'abord le fleuve, puis la croupe de sa mule, et il engagea alors la belle solitaire, avec une gracieuse bienveillance, à monter derrière lui. Elle parut comprendre son langage muet, car elle se leva comme pour accepter son offre ; et, tandis que le bon moine, qui, comme nous l'avons déjà dit, n'était pas grand écuyer, s'évertuait à placer sa mule de manière à ce que sa compagne de voyage pût aisément monter en croupe, celle-ci se trouva d'un bond derrière lui, et elle paraissait beaucoup plus au fait de l'équitation que le sacristain. La mule n'approuvait pas ce double fardeau ; elle sautait, se cabrait, et le père Philippe fût tombé mille fois, si la dame, d'une main ferme, ne l'eût retenu sur la selle.

A la fin la mule changea d'humeur, et au lieu de vouloir rester obstinément à la même place, elle allongea les narines, et se précipita dans l'eau avec une impétuosité qui ne lui était pas ordinaire. Une nouvelle terreur s'empara du sacristain. Le gué se trouvait être très-profond dans ce moment, l'eau s'élevait en bouillonnant autour de la mule qui la fendaitpour se frayer un passage. Le père Philippe perdit sa présence d'esprit, qui ne lui était jamais très-utile; la mule céda à la force du courant, et comme le cavalier n'avait pas l'attention de lui faire tenir la tête hors de l'eau, elle glissa, s'écarta du gué, et se mit à descendre le fleuve à la nage. Ce qui était assez étrange, et ce qui eût encore ajouté à la terreur du pauvre sacristain, si quelque chose eût pu l'augmenter, c'est qu'au même moment, malgré l'extrême péril qu'ils couraient tous deux, l'inconnue se mit à chanter :

Nageons gaîment au clair-de-lune,
J'entends les cris du noir corbeau :
Pour ses petits quelle fortune
Qu'un cadavre flottant sur l'eau!
Ils attendent leur nourriture.
Rassurez-vous, chers oisillons,
Vous partagerez la pâture
Que ce corps prépare aux poissons.

Nageons gaîment : la lune est belle ;
Le mont se pare de ses feux ;
Ils argentent la fleur nouvelle,
Et du saule les bras nombreux.
Je vois déjà le monastère,
Et les vêpres vont commencer :
Chacun se rend au sanctuaire ;
Frère Philippe, il faut sonner.

Le Kelpy (1) qui cherche sa proie
Du sein des eaux vient de sortir :

(1) Le Kelpy est l'esprit qu'une superstition écossaise suppose habiter les rivières, et qui prend différentes formes, mais plus fréquemment celle du cheval. Voyez plusieurs notes sur ce mot dans les *Mélanges*. — ÉD.

Ne crains rien, le ciel te l'envoie ;
C'est moi qui dois te la fournir.
Allume les torches funèbres ,
Et vers nous dirige tes pas :
Quand il faudra sonner ténèbres,
Le sacristain n'y sera pas.

Bonne pêche ! quelle victime
Ce soir espérais-tu noyer ?
Comptais-tu plonger dans l'abîme
Noble ou serf, prêtre ou séculier ?
Hélas! quiconque tu regardes
Doit bientôt tomber sous tes coups !
— Sacristain , soyez sur vos gardes ,
Je vois ses yeux fixés sur vous.

On ne sait trop quand la dame aurait fini de chanter,
ni où se serait terminé le voyage du pauvre moine, si
heureusement la mule ne se fût trouvée entraînée dans
une espèce de petite baie fermée d'un côté par une
écluse pour fournir de l'eau aux moulins du couvent.
Dans cette traversée dangereuse, le père Philippe avait
failli mille fois être englouti, et dans le mouvement qu'il
se donnait pour se retenir, le livre de lady Avenel, qu'il
portait sur lui, manqua de tomber dans la rivière ; il y
porta aussitôt la main, et à peine l'avait-il saisi, que sa
compagne de voyage enleva le sacristain de dessus la
selle, et le tenant par le cou, le plongea dans l'eau à
trois reprises différentes, pour que le bain fût aussi
complet que possible, et elle ne le lâcha que lorsqu'il
fut assez près du rivage pour pouvoir s'y traîner sans de
grands efforts, car autrement il n'eût jamais revu la
terre. Le sacristain , enfin débarqué, tourna les yeux
de tous côtés pour voir ce qu'était devenue cette dame
assez bizarre ; elle avait disparu ; mais il entendit une

voix qui, se mêlant au bruit de l'onde, chantait sur un air qu'il ne connaissait déjà que trop bien :

> Il a vraiment gagné la terre !
> Père Philippe, sauve-toi;
> Car c'est chose extraordinaire
> Pour quiconque nage avec moi.

Pour le coup la terreur du moine fut à son comble; la tête lui tourna; et, après avoir fait quelques pas en trébuchant, il alla tomber au pied d'un mur, sans connaissance.

CHAPITRE VI.

―――

« . . . . De toute mauvaise herbe
» Purgeons avec grand soin la vigne du Seigneur.
» Nous sommes tous d'accord, j'espère ? avec ardeur
» Séparons donc enfin le bon grain de l'ivraie. »

La Réformation.

L'OFFICE du soir venait de finir dans l'église du monastère de Sainte-Marie. L'abbé avait quitté les ornemens magnifiques qu'il revêtait pour la cérémonie, et
avait repris ses vêtemens ordinaires; c'était une robe
noire sur une soutane blanche, avec un scapulaire
étroit : costume vénérable, propre à faire ressortir avec
avantage le port majestueux de l'abbé Boniface.

Dans des temps tranquilles personne n'eût rempli
plus convenablement que ce digne prélat la place d'abbé
mitré; car tel était le titre dont il était revêtu. Il avait
sans doute plusieurs défauts : d'abord la vanité, et

lorsqu'on lui résistait hardiment, une timidité singulière, peu d'accord avec les hautes prétentions qu'il
élevait comme un des membres les plus éminens de
l'Église, ni avec l'obéissance aveugle qu'il exigeait de
tous ceux qui étaient placés sous ses ordres. Mais il était
charitable, remplissait avec zèle les devoirs de l'hospitalité, et son caractère était naturellement doux et pacifique. En un mot, dans d'autres temps, il eût fourni sa
carrière tout aussi honorablement qu'aucun de ses confrères, qui vivaient à l'abri de tout tracas et de toute
inquiétude, et dont aucun rêve perfide n'agitait le paisible sommeil.

Mais les progrès des doctrines réformées avaient répandu l'alarme dans toute l'Église romaine, et elles
troublèrent amèrement le repos de l'abbé Boniface, en
lui imposant des devoirs auxquels il n'avait jamais
songé. Tantôt c'étaient des opinions qu'il fallait combattre et réfuter; tantôt des hérétiques qu'il fallait dé-
masquer et punir : il fallait soutenir la foi chancelante,
ramener dans le bercail la brebis égarée; faire en sorte
surtout que le clergé ne donnât pas de prise à la médisance; et rétablir enfin toute la rigueur de la discipline.
Courriers sur courriers arrivaient au monastère de
Sainte-Marie : l'un était envoyé par le conseil privé, un
autre par le primat d'Écosse; celui-ci par la reine-mère.
C'était pour exhorter, pour approuver, pour condam-
ner, pour demander conseil sur telle chose, ou pour
prendre des renseignemens sur telle autre.

A l'air dont l'abbé Boniface recevait ces dépêches on
voyait que sa vanité était flattée, mais en même temps
qu'il ne savait ni comment agir ni que répondre.

Le primat de Saint-André connaissait le prieur de

Sainte-Marie; et, pour suppléer à ce qui lui·manquait, il plaça dans le monastère, en qualité de sous-prieur, un religieux de l'ordre de Citeaux, homme d'un grand talent, doué de vastes connaissances, dévoué au service de l'Église catholique, et très-capable non-seulement de guider l'abbé par ses conseils dans les circonstances difficiles, mais même de le rappeler au sentiment de son devoir, si par bonté d'ame ou par faiblesse il venait jamais à s'en écarter.

Le père Eustache jouait dans le monastère le rôle de ce vieux général placé auprès du prince du sang, qui commandait en chef à la condition de ne rien faire que d'après l'avis de son mentor. Ces sortes de mentors ne sont jamais très-bien vus de celui qu'ils dirigent, et le père Eustache ne faisait pas exception à la règle. Il n'était pas fort aimé du digne abbé, dont il était comme l'épouvantail. Aussi les intentions du primat étaient-elles parfaitement remplies; l'abbé Boniface osait à peine se retourner dans son lit sans considérer ce que le père Eustache en penserait. Dans toutes les circonstances critiques on faisait venir le père Eustache pour lui demander son avis; mais à peine l'abbé était-il sorti d'embarras, qu'il ne pensait qu'aux moyens d'éloigner ce conseiller incommode. Dans toutes les lettres qu'il écrivait aux chefs du gouvernement, il recommandait fortement le père Eustache, demandant pour lui tantôt une abbaye, tantôt un évêché; mais ses instances étaient toujours inutiles; les bénéfices étaient conférés à d'autres, et il commença à craindre, comme il l'avoua au sacristain dans l'amertume de son ame, que le sous-prieur ne fût une charge à vie pour le monastère de Sainte-Marie.

Mais son indignation eût été bien plus grande, s'il eût su que c'était sa propre mitre que le père Eustache ambitionnait, et que le sous-prieur espérait que, grace à des attaques d'apoplexie auxquelles l'abbé était sujet, il pourrait bientôt en orner sa tête. Mais semblable à tous les dignitaires, la confiance qu'il avait en sa santé éloignait de l'abbé Boniface l'idée qu'elle pût être pour le père Eustache un sujet de calcul.

Forcé de prendre l'avis de son conseiller dans les circonstances vraiment épineuses, le digne abbé cherchait du moins à se passer de lui lorsqu'il ne s'agissait que de simples détails d'administration, quoiqu'il se demandât toujours quel eût été l'avis du père Eustache. Il dédaigna donc de lui apprendre le coup hardi qu'il avait fait de son chef, en envoyant le frère Philippe à Glendearg sans le consulter; mais lorsque l'heure de sonner l'office du soir fut venue sans que celui-ci eût reparu, il commença à concevoir une sorte d'inquiétude, d'autant plus qu'il était tourmenté en même temps par d'autres affaires importantes. La dispute que le monastère avait avec le gardien du pont menaçait d'avoir des conséquences funestes; le baron avait pris la défense de son vassal; il avait fait des démarches auprès des autorités supérieures, et le primat venait d'écrire des lettres pressantes, et d'une nature peu agréable. Comme un goutteux qui saisit sa béquille tout en maudissant l'infirmité qui l'oblige à s'en servir, l'abbé, malgré sa répugnance, se vit obligé, après le service, de faire venir le père Eustache dans sa maison, ou plutôt dans son palais, qui faisait partie du monastère.

L'abbé Boniface était assis dans son grand fauteuil, dont le dos, sculpté d'une manière bizarre, se terminait par une mitre. A sa gauche, sur une petite table de chêne, étaient les restes d'un chapon rôti, sur lequel son excellence venait de diriger une attaque soutenue par d'excellent vin de Bordeaux. Il avait les yeux indolemment fixés sur le feu ; tantôt comparant ce qu'il avait été à ce qu'il était alors, tantôt cherchant à découvrir des tours et des clochers dans les tisons rouges qu'il venait de rapprocher.

— Oui, se disait-il, il me semble que je vois les tours paisibles de Drundrennan, où je passais ma vie avant de connaître la grandeur et ses ennuis. Nous étions heureux dans notre monastère; sans être d'une austérité bien rigide, nous remplissions exactement nos devoirs. Je crois voir encore notre petit enclos, et ces poiriers que je greffai de mes mains. Et qu'ai-je gagné à ma grandeur? d'être accablé d'affaires qui ne me regardent pas, et d'être sous la tutelle d'un sous-prieur. Je voudrais que ces tours fussent l'abbaye d'Aberbrothock, et que le père Eustache en fût l'abbé, — ou que n'est-il dans le feu, pourvu que j'en sois débarrassé! Le primat dit que notre saint père le pape a un conseiller. Ce que je sais, c'est qu'il ne pourrait pas vivre une semaine avec un conseiller tel que le mien; et puis il n'y a pas moyen de savoir ce que pense le père Eustache, à moins de lui avouer l'embarras où l'on se trouve; il n'entend pas à demi-mot; il ne donne pas ses avis, il faut qu'on les lui arrache. C'est comme un avare qui ne délierait pas les cordons de sa bourse pour donner un denier, si le malheureux qui a besoin de lui, lui avouant l'excès de sa misère, n'obtenait son aumône par son importunité. Une pareille conduite me perd de réputation aux yeux de mes frères; ils disent que je me

laisse mener comme un enfant qui n'a pas assez de raison pour se conduire. Je ne le souffrirai pas long-temps.
Frère Bennet! — Un frère lai entra aussitôt. — Allez
dire au père Eustache qu'il peut se dispenser de venir,
que je n'ai pas besoin de lui.

—Je venais dire à Votre Révérence que le père Eustache sortait à l'instant du cloître, et qu'il allait arriver·

— Et bien, soit, dit l'abbé, il est le bienvenu. Otez
cette table; ou plutôt, attendez..., apportez une assiette,
le révérend père pourrait avoir faim...; mais non, ôtez,
ôtez; car il n'est pas assez traitable...; cependant laissez
toujours le flacon de vin, et apportez une autre coupe.

Le frère lai obéit à ces ordres contradictoires de la
manière qui lui parut la plus convenable : il ôta le
chapon, dont il ne restait plus que d'assez tristes débris,
et il mit deux coupes à côté du flacon de Bordeaux. Au
même instant le père Eustache entra.

C'était un homme de petite taille, dont l'œil perçant
semblait lire jusqu'au fond du cœur de celui à qui il
adressait la parole. Il était d'une maigreur extraordinaire, par suite non-seulement des jeûnes qu'il observait avec la ponctualité la plus rigide, mais aussi du
travail continuel de son intelligence active et péné-
trante.

Il salua respectueusement l'abbé. En les voyant ensemble, il était impossible de se figurer un contraste
plus complet. Le teint fleuri, l'air ouvert du prieur, sa
gaieté naturelle que l'inquiétude même où il se trouvait
n'avait pu lui faire perdre, ne s'accordaient guère avec
les joues pâles et maigres et le regard vif et pénétrant
du moine, où se peignait tout son esprit et toute sa
finesse.

L'abbé ouvrit la conversation en invitant le moine à s'asseoir et à goûter son vin de Bordeaux. Celui-ci le remercia poliment, mais non cependant sans lui faire observer que l'office du soir était dit.

— Pour l'estomac, mon frère, dit l'abbé en rougissant un peu, vous connaissez le texte.

— Il est dangereux, reprit le moine, de boire seul ou à une heure indue ; le jus de la grappe est un compagnon redoutable dans la solitude, c'est pour cela que je l'évite.

L'abbé Boniface venait de remplir sa coupe, qui pouvait tenir une demi-pinte d'Angleterre ; mais, soit qu'il eût été frappé de la justesse de la remarque, soit qu'il eût honte de contredire par son exemple ce que le père Eustache avait avancé, il n'y porta même pas les lèvres, et il changea aussitôt de sujet.

— Le primat, dit-il, nous a écrit de faire de strictes recherches dans les domaines qui sont soumis à notre juridiction pour découvrir les hérétiques désignés sur cette liste, qui ont trouvé moyen de se soustraire au châtiment qu'ils méritaient. On croit que probablement ils chercheront à se retirer en Angleterre en passant sur notre territoire, et le primat me recommande de redoubler de vigilance pour ne pas les laisser échapper.

— Certes, dit le moine, le magistrat ne doit pas porter l'épée en vain, quels que soient ceux qui cherchent à bouleverser le monde, et sans doute Votre Révérence ne négligera rien pour seconder les efforts du très-révérend père en Dieu, surtout lorsqu'il s'agit de défendre la sainte religion.

— Sans doute, mais comment faire? répondit l'abbé ; que sainte Marie nous protège ! Le primat m'écrit comme si j'étais un baron qui eût des troupes sous ses ordres: — Gardez les défilés, battez le pays, arrêtez les hérétiques, me dit-il. — C'est qu'à la manière dont ces gens-là voyagent, ils ne paraissent pas très-disposés à se laisser arrêter. Le dernier qui passa la frontière avait une escorte de trente lances, à ce que nous écrivit notre révérend frère l'abbé de Kelso. Comment des capuchons et des scapulaires pourraient-ils leur disputer le passage?

— Votre bailli passe pour un brave soldat, dit Eustache, vos vassaux sont obligés de se lever pour la défense de la sainte Église; c'est une condition expresse de leur bail. S'ils ne veulent pas défendre l'Église qui leur donne du pain, qu'on transmette à d'autres les domaines qu'ils cultivent.

— Nous ne manquerons pas, dit l'abbé en se résumant d'un air d'importance, nous ne manquerons pas de faire tout ce qui peut tourner à l'avantage de la sainte Église. Vous irez vous-même prévenir le bailli; mais ce n'est pas tout: et ce différend qui nous est survenu avec le gardien du pont et le baron de Meigallot, que deviendra-t-il? Sainte Marie! les tracas, les contrariétés se multiplient à un tel point, qu'on ne sait plus où donner de la tête. Vous aviez dit, père Eustache, que vous chercheriez dans vos archives si les pèlerins avaient effectivement droit de passer gratuitement sur ce pont.

— Je l'ai fait, mon révérend père, et j'ai trouvé un acte portant remise formelle de tous les droits payables au pont-levis de Brigton, en faveur de l'abbé Ailfort et des religieux du monastère de Sainte-Marie; il y est particulièrement énoncé que cette concession s'étend aux pèlerins qui viendraient y accomplir des vœux.

L'acte est daté de la veille de Sainte-Brigitte, l'an de grace 1137; il est revêtu du sceau de Charles de Mei-gallot, trisaïeul du baron actuel, et il fut octroyé pour le salut de son ame, et pour celui de ses père et mère et de tous ses prédécesseurs et successeurs.

— Mais il allègue, dit l'abbé, que les gardiens de ce pont perçoivent ce droit depuis cinquante ans. Le baron menace d'employer la force; en attendant, le voyage des pèlerins est interrompu au détriment de leurs ames et des revenus de Sainte-Marie. Le sacristain nous a conseillé de faire construire une barque, mais le gardien a juré ses grands dieux que si jamais barque paraissait sur la rivière de son maître, il ne manquerait pas de la couler à fond. Quelques personnes disent que nous devrions terminer ce différend à l'amiable, moyennant une légère somme d'argent.

L'abbé s'arrêta un moment dans l'attente d'une réponse; mais n'en recevant pas, il ajouta : — Qu'en pensez-vous, père Eustache? pourquoi gardez-vous le silence?

—Parce que je suis surpris de la question que l'abbé de Sainte-Marie fait au plus jeune de ses frères,

— Le plus jeune, sous le rapport du temps que vous avez passé avec nous, frère Eustache, mais non pour l'âge, ni, j'oserai le dire, pour l'expérience; et puis le sous-prieur du couvent....

— Je suis surpris, ajouta Eustache, que l'abbé de ce respectable monastère demande à quelqu'un s'il peut aliéner le patrimoine de notre sainte et divine patronne, ou abandonner à un baron sans conscience, et peut-être hérétique, les privilèges que ses ancêtres ont accordés à notre Église. Les papes et les conciles le dé-

fendent; l'honneur des vivans et le salut des ames de
ceux qui ne sont plus le défendent également : c'est un
arrangement impossible. La force, s'il ose l'employer,
pourra nous soumettre, mais jamais de notre consente-
ment nous ne le verrons piller les biens de notre église
avec aussi peu de scrupule que s'il s'emparait d'un troupeau de bœufs anglais. Rappelez votre énergie, et ne
doutez pas que la bonne cause ne triomphe. Prenez
l'épée spirituelle, et dirigez-la contre les méchans qui
voudraient usurper nos saints droits. Prenez même, s'il
le faut, l'épée temporelle, et ranimez le zèle et le courage de vos fidèles vassaux.

L'abbé poussa un profond soupir. — Tout cela est
aisé à dire, pensait-il en lui-même, à qui n'a pas à l'exécuter; mais.... Ses réflexions furent interrompues par
Bennet, qui entra précipitamment. — La mule sur laquelle le sacristain est parti ce matin est revenue seule
à l'étable, s'écria-t-il; trempée comme elle est, on
dirait qu'elle sort du fleuve, et la selle est renversée.

— *Sancta Maria!* dit l'abbé, notre pauvre frère n'est
plus !

— Que sait-on? dit Eustache avec rapidité; faites
sonner le tocsin; que chacun prenne une torche; cou-
rons tous à la rivière : moi-même je vous y devancerai.

L'abbé était muet d'étonnement en voyant le plus
jeune moine du couvent se mettre ainsi à sa place, et
dicter les ordres qu'il aurait dû donner lui-même. Mais
avant qu'on eût pu les mettre à exécution, ils devinrent inutiles par l'apparition soudaine de celui dont le
danger supposé avait causé toutes ces alarmes.

CHAPITRE VII.

» Chasse de ton cerveau le trouble qui l'agite,
» Et soulage ton cœur de ton cuisant chagrin.

SHAKSPEARE. *Macbeth.*

LE pauvre sacristain parut devant son supérieur appuyé sur le bras du meunier du monastère, mouillé de la tête aux pieds, et pouvant à peine articuler une syllabe.

Après avoir essayé plusieurs fois de parler, les premiers mots qu'il prononça furent :

Nageons gaîment au clair-de-lune.

— Nageons gaiement ! répéta l'abbé d'un ton d'indignation ; vraiment, vous avez bien choisi votre temps pour nager, et voilà une nouvelle manière d'aborder son supérieur !

— Notre frère a perdu l'esprit, dit Eustache ; parlez,
père Philippe, qu'avez-vous ?

Bonne pêche ! quelle victime ,

ajouta le sacristain, en cherchant à imiter le ton de son
étrange compagne de voyage.

— Bonne pêche ! dit l'abbé, dont la surprise redoublait ; par Notre-Dame, le malheureux est dans un état
complet d'ivresse, et vient à nous en fredonnant. Si le
pain et l'eau peuvent guérir cette folie...

— Excusez-moi, mon révérend père, dit le sous-
prieur ; quant à l'eau, il me semble que notre frère en
a eu suffisamment ; et je crois que la confusion de ses
idées provient plutôt d'une terreur panique que de
toute autre cause. Où l'avez-vous trouvé, Hob Miller ?

— Je vais vous conter ça, Votre Révérence. J'étais
sorti pour aller fermer l'écluse du moulin ; et, comme
j'allais la fermer, voyez-vous, j'entendis comme une
sorte de grognement auprès de moi. Croyant que c'était
un des pourceaux de Giles Fletcher, car Dieu merci il
ne ferme jamais sa porte, je saisis un bâton, et j'allais...
sainte Marie me pardonne ! j'allais frapper où j'avais
entendu le bruit, lorsque je reconnus que c'était un
gémissement humain. J'appelai mes garçons, et je trouvai le sacristain étendu, presque sans connaissance,
contre le mur de notre four. Dieu sait comme il était
mouillé ! Dès qu'il eut repris un peu ses sens, il me pria
de l'amener auprès de vous ; mais pendant toute la route
il n'a cessé de battre la campagne. Ce n'est que depuis
un instant qu'il commence à parler d'une manière plus
raisonnable.

11.

— Allons, Hob Miller, c'est très-bien, dit le frère Eustache; retirez-vous à présent, et, croyez-moi, dorénavant pensez-y à deux fois avant de frapper dans l'obscurité.

— Oh! ce sera une leçon pour moi, je vous assure, dit le meunier; et j'espère qu'il ne m'arrivera plus de prendre un moine pour un pourceau. En disant ces mots, il salua de l'air le plus humble, et se retira.

— Maintenant qu'il est parti, père Philippe, dit Eustache, avouez franchement à notre vénérable supérieur ce qui vous tourmente. Êtes-vous *vino gravatus?* dites-nous-le, nous vous ferons porter dans votre cellule.

— De l'eau! de l'eau! pas de vin, murmura le sacristain.

— Si c'est là ta maladie, dit le moine, le vin pourra te guérir, et il lui en versa une coupe qui parut faire grand bien au père Philippe.

— Maintenant, dit l'abbé, qu'on change ses vêtemens, ou plutôt qu'on le porte à l'infirmerie, car il est impossible d'écouter son récit dans l'état où il est.

— Je vais le suivre, dit le père Eustache, et si j'en puis tirer quelques éclaircissemens, je viendrai les communiquer à Votre Révérence. En disant ces mots il sortit, et accompagna le sacristain. Au bout d'un quart d'heure il revint auprès de l'abbé.

— Eh bien, comment se trouve le père Philippe? lui demanda celui-ci; et que vous a-t-il appris?

— Il revient de Glendearg; et quant au reste, ce qu'il dit est si étrange, que certainement on n'a jamais rien entendu de semblable dans ce monastère. Le sous-prieur raconta alors en peu de mots les aventures arrivées au sacristain sur la route, et il ajouta que depuis quel-

que temps il était tenté de lui croire le timbre un peu
fêlé ; car il l'avait vu chanter, rire et pleurer en même
temps.

— Se pourrait-il, dit l'abbé, que Satan ait pu étendre
ainsi sa main sur un de nos saints frères?

— Écoutez, mon révérend père ; pour chaque texte
il y a toujours une paraphrase. Et je soupçonne que si
l'aventure du père Philippe est une œuvre de l'esprit
malin, cependant il y a aussi un peu de sa faute.

— Comment donc? reprit l'abbé ; je ne puis croire
que vous mettiez en doute que dans les anciens jours
Satan n'ait eu la permission d'affliger les saints : témoin
le saint homme Job.

— Dieu me préserve d'en douter ! répondit le moine
en se signant ; mais il y a sur le compte du sacristain
une histoire moins miraculeuse qui mérite d'être prise
en considération. Hob le meunier a une jeune et jolie
fille. Supposons, je dis seulement supposons, que notre
sacristain l'ait rencontrée près du pont, lorsqu'elle re-
venait de chez son oncle, qui demeure sur l'autre rive ;
car elle y a été ce soir même : supposons encore que
par galanterie, et pour lui éviter la peine d'ôter bas et
souliers, le sacristain l'ait prise en croupe sur sa mule ;
supposons enfin qu'il ait voulu pousser la familiarité
plus loin qu'il ne convenait à la jeune fille, et nous
pourrons supposer alors que le bain qu'il a pris n'a rien
de surnaturel.

— Et ce conte eût été inventé pour nous tromper !
dit le supérieur devenant rouge de colère ; mais nous
n'en resterons pas là ; ce n'est pas nous que le père Philippe peut abuser à ce point. C'est devant nous qu'il
voudrait faire passer ses propres iniquités pour des

œuvres de Satan! Que demain cette fille comparaisse devant nous; — nous examinerons et nous punirons!

— J'en demande pardon à Votre Révérence, dit Eustache; mais ce serait montrer bien peu de politique. Dans l'état où sont maintenant les choses à notre égard, les hérétiques saisissent avidement tous les bruits qui peuvent jeter du ridicule sur notre clergé. Pour remédier au mal, il faut non-seulement resserrer les liens de la discipline, mais aussi prendre garde de donner prise à la médisance, et surtout éviter le scandale. Si mes conjectures sont fondées, la fille du meunier est elle-même intéressée à se taire; et il vous sera facile d'imposer également silence à son père et au sacristain. S'il fournit de nouveau un prétexte de diffamer son ordre, qu'il soit puni sévèrement, mais en secret; car, que disent les Décrétales? *Facinora ostendi dùm puniantur, flagitia autem abscondi debent* (1).

Une phrase latine (le père Eustache avait déjà eu l'occasion de le remarquer) avait beaucoup d'influence sur l'abbé Boniface, qui, ne l'entendant pas très-bien, rougissait d'avouer son ignorance. Celle-ci termina la conversation.

Le lendemain l'abbé interrogea de nouveau le père Philippe sur son aventure; mais le sacristain ne varia pas dans son récit, et il répéta ce qu'il avait déjà dit la veille, quoique ses réponses fussent souvent incohérentes; car il y mêlait toujours quelques vers du chant qui avait fait une impression si profonde sur son esprit, qu'il ne pouvait s'empêcher de le répéter plusieurs fois, même pendant le cours de son interrogatoire.

(1) Les crimes doivent être divulgués pourvu qu'ils soient punis; mais les faits scandaleux doivent être cachés. — Éᴅ.

L'abbé eut pitié du trouble involontaire du sacristain, dans lequel il paraissait y avoir quelque chose de
surnaturel; il finit par être d'avis que l'explication que
le père Eustache en donnait était plus plausible que
juste. Quant à nous, quoique nous ayons rapporté l'a-
venture telle que nous l'avons trouvée écrite, nous
devons ajouter qu'il s'établit un schisme à ce sujet dans
le couvent, et que plusieurs frères disaient avoir de
bonnes raisons pour croire que la fille du meunier, avec
ses grands yeux noirs, était pour quelque chose dans
toute cette affaire. Quoi qu'il en fût, on convint qu'il
était à propos de ne rien laisser transpirer d'une aventure qui pouvait prêter à la médisance, et l'on fit promettre au sacristain de ne jamais parler du plongeon
qu'il avait fait, promesse à laquelle il n'avait aucune
envie de manquer.

Si le père Eustache n'avait pas écouté avec beaucoup
d'attention le récit merveilleux des dangers qu'avait
courus le sacristain, et de son évasion miraculeuse, il
n'en fut pas de même lorsque celui-ci parla du volume
qu'il avait rapporté de la tour de Glendearg. En appre-
nant qu'un exemplaire de la Bible traduite en langue
vulgaire avait pénétré jusque dans les propres domaines
de l'Église, dans une maison dépendante du monastère
de Sainte-Marie, il demanda aussitôt à le voir; mais le
sacristain se trouvait dans l'impossibilité de lui obéir,
car il l'avait perdu, autant qu'il pouvait se le rappeler,
lorsque l'être surnaturel, ou du moins qui lui semblait
tel, avait pris assez brusquement congé de lui. Le père
Eustache alla lui-même sur les lieux; il fit de grandes
recherches dans l'espoir de retrouver le volume en question, mais ses peines furent inutiles.

De retour auprès de l'abbé : — Il faut, lui dit-il, qu'il soit tombé dans la rivière ; mais au reste, avec la permission de Votre Révérence, je veux approfondir ce mystère. J'irai moi-même, ou plutôt je vais de ce pas à la tour de Glendearg, et nous verrons si quelque spectre ou quelque dame blanche du désert osera interrompre mon voyage. Votre Révérence veut-elle bien m'accorder la permission de partir et sa bénédiction, ajouta-t-il d'un ton qui montrait assez que c'était uniquement pour la forme qu'il faisait cette demande.

— Vous avez l'une et l'autre, mon frère, dit l'abbé. Mais à peine Eustache fut-il parti, que l'abbé Boniface ne put s'empêcher d'expliquer au sacristain son désir bien sincère que quelque esprit blanc ou noir donnât au sous-prieur une leçon qui le guérît de sa présomption et de sa vanité, lui qui se croyait plus habile que tout le reste la communauté.

— Hélas ! dit le sacristain, vous n'avez qu'à lui souhaiter de traverser gaiement le fleuve à la nage avec un spectre derrière lui, tandis que les poissons attendent leur nourriture, il sera bien assez puni, je vous en réponds.

> Nageons gaîment au clair-de-lune,
> J'entends les cris du noir corbeau..

— Père Philippe, dit l'abbé, nous vous exhortons à dire vos prières, à rentrer en vous-même, et à bannir cette folle chanson de votre esprit ; ce n'est qu'une illusion du démon.

— J'essaierai, mon révérend père ; mais ce maudit air me poursuit partout, il retentit sans cesse à mon oreille : les cloches même du couvent semblent répéter

les paroles et chanter le refrain. Dût-on me mettre à
mort à l'instant même, je mourrais, je crois, en le
chantant. *Nageons gaiement...* C'est plus fort que moi, il
faut que je me soulage.

Et il recommança à fredonner :

Bonne pêche! quelle victime.

Il fit un nouvel effort pour s'arrêter, et s'écria : — Je
ne le vois que trop, je suis perdu. *Nageons gaiement.....*
Je le chanterai même à la messe. Malheureux que je
suis! je chanterai tout le reste de ma vie, et je ne pourrai changer jamais de ton!

L'abbé répondit qu'il connaissait beaucoup de très-
braves gens qui étaient dans le même cas, et il se mit
à sourire d'un air de satisfaction, en disant oh! oh! oh!
car Sa Révérence, comme le lecteur a pu le remarquer
déjà, aimait le petit mot pour rire.

Le sacristain, qui connaissait parfaitement le caractère de son supérieur, voulut faire chorus avec lui;
mais sa malheureuse chanson troubla encore ses idées,
et il répéta son refrain ordinaire.

— En vérité, frère Philippe, s'écria l'abbé tout en
colère, vous devenez insupportable; et je suis persuadé
que pareille chose n'arriverait pas à un religieux du
monastère de Sainte-Marie, s'il n'avait pas commis
quelque péché mortel. Ainsi donc, allez dire les sept
psaumes de la pénitence; ayez souvent recours à votre
discipline; abstenez-vous pendant trois jours de toute
nourriture, sauf le pain et l'eau. Je vous confesserai
moi-même, et nous verrons si nous pouvons chasser
de votre ame le malin esprit qui la tourmente. Je crois

du moins que le père Eustache ne pourrait trouver de meilleur exorcisme.

Le sacristain poussa un profond soupir ; mais il savait que la résistance était vaine, et il se setira dans sa cellule pour essayer si sa psalmodie pourrait chasser de son esprit les sons qui y avaient fait une impression si profonde.

Pendant ce temps le père Eustache se dirigeait vers le pont-levis pour se rendre dans la vallée de Glendearg. Dans un court entretien qu'il eut avec le gardien, il eut l'adresse de le rendre plus traitable. Il lui rappela que son père avait été vassal du monastère, que son frère n'avait pas d'enfans, que ses biens retourneraient à l'Église après sa mort, et qu'alors la disposition en appartiendrait à l'abbé ; il était donc de son intérêt bien entendu de se concilier ses bonnes graces. Pierre répondit d'abord par des injures ; mais comme le sous-prieur attaquait son côté faible, en lui parlant d'intérêt, Pierre finit par s'adoucir, et il consentit à laisser passer gratuitement, jusqu'à la Pentecôte suivante, tous les pèlerins qui se rendraient à pied au monastère ; quant aux cavaliers, ils ne s'étaient jamais refusés à payer le droit ordinaire. Charmé d'avoir pu terminer à l'amiable une querelle qui tournait au détriment du monastère, le père Eustache continua sa route.

CHAPITRE VIII.

────

« Ménagez bien le temps, c'est le trésor du sagé ;
» Le fou seul le prodigue, et l'esprit tentateur
» Profite d'un instant passé dans la langueur. »

Ancienne comédie.

Un de ces brouillards que novembre amène presque toujours à sa suite couvrait la petite vallée que le père Eustache traversait lentement. La saison, le deuil de la nature, la solitude de ces lieux, tout n'inspirait que des sentimens de tristesse et de mélancolie. Le fleuve, dans son cours majestueux, semblait murmurer sourdement, comme pour déplorer le départ de l'automne. Parmi les arbres épars qui s'élevaient sur ses bords, le chêne seul,

12

encore vert, rappelait de plus beaux jours ; le saule n'offrait plus qu'un tronc desséché, et il couvrait la terre de ses feuilles.

Le moine s'abandonna aux sombres réflexions que ces emblèmes frappans de la fragilité des espérances humaines ne pouvaient manquer d'inspirer. — Tels sont, se disait-il en regardant les feuilles éparses autour de lui, tels sont les projets de la première jeunesse : délicieux au printemps, l'hiver vient et les anéantit. Rien ne dure, rien n'échappe à cette destruction générale que le feuillage du chêne antique, qui ne commence à se montrer que lorsque celui du reste de la forêt est déjà près de se flétrir. J'ai foulé aux pieds, comme ces herbes stériles, les brillantes espérances de ma jeunesse. Les rêves ambitieux de l'âge mûr ne sont plus à mes yeux que de trompeuses chimères, qui depuis long-temps se sont évanouies. Mais ce sont les vœux que j'ai faits dans un âge plus avancé qui m'attachent à la vie ; aussi y serai-je religieusement fidèle, tant que je resterai sur la terre. Oui, tant que je vivrai, je défendrai l'Église, dont j'ai le bonheur d'être membre, et je combattrai l'hérésie qui l'attaque avec tant d'acharnement.

Ainsi parlait, ou du moins ainsi pensait un homme plein de zèle, d'après ses connaissances imparfaites, confondant les intérêts essentiels du christianisme avec les prétentions exagérées de l'église de Rome, et les défendant avec une ardeur digne d'une meilleure cause.

Tout en faisant ces réflexions, il crut plus d'une fois apercevoir sur la route une dame vêtue de blanc, qui paraissait se lamenter ; mais cette impression n'était que momentanée, et toutes les fois qu'il regardait fixement l'endroit où il avait cru l'apercevoir, il reconnaissait qu'il avait pris quelque objet naturel, un roc ou le tronc d'un arbre, pour le fantôme que lui avait représenté son imagination.

Le père Eustache avait vécu trop long-temps à Rome pour partager la superstition du clergé écossais, qui n'était pas aussi éclairé ; cependant il ne pouvait concevoir que le récit du sacristain eût fait une impression aussi profonde sur son esprit. — Il est étrange, se disait-il, que cette histoire, inventée sans doute par le père Philippe pour couvrir l'inconvenance de sa conduite, m'ait frappé à ce point, et vienne troubler les graves pensées qui m'occupent. J'ai ordinairement, ce me semble, plus d'empire sur mes sens. Je vais répéter mes prières, et bannir de ma mémoire ces vaines puérilités.

Le moine se mit aussitôt à dire son chapelet, suivant la règle de son ordre, et il arriva devant la petite tour de Glendearg sans que son imagination se fût abandonnée à de nouveaux écarts.

Mistress Glendinning, qui était à la porte, poussa un cri de surprise et de joie en le voyant. — Martin, Jasper, s'écria-t-elle, accourez tous, aidez le très-révérend sous-prieur à descendre, et conduisez sa mule à l'écurie. O mon père, c'est Dieu qui vous envoie. Si vous saviez quel besoin nous avons de vos secours ! Martin allait partir pour le monastère, quoique je rougisse de donner tant de peine à Vos Révérences.

— Ne vous tourmentez pas, bonne dame, dit le père Eustache, et voyons ce que je puis faire pour vous obliger. Je venais voir lady Avenel.

— Se peut-il ! dit dame Elspeth, ah ! que je suis contente ; c'était pour elle que je pensais à vous prier de

venir, car je crains bien qu'elle ne passe pas la journée.
Voudriez-vous entrer dans sa chambre?

— Le père Philippe ne l'a-t-il pas confessée?

— Oui, mon père, le père Philippe l'a confessée,
comme Votre Révérence dit très-bien, mais je crains bien
qu'il n'y ait eu quelque anguille sous roche. Si vous
aviez vu comme le père Philippe avait l'air grave et sévère en revenant! et puis il emporta avec lui un livre
qui... Elle s'arrêta comme s'il lui en coûtait d'en dire
davantage.

— Continuez, dame Elspeth, lui dit le moine; vous
savez qu'il est de votre devoir de ne nous rien cacher.

— Hélas! Dieu me préserve de vouloir rien cacher à
Votre Révérence; mais c'est que je ne voudrais pas nuire
à cette pauvre dame dans votre esprit, c'est une excellente personne : voilà bien long-temps qu'elle demeure
dans cette tour, et toujours elle nous a édifiés par sa
conduite. Sans doute elle vous apprendra elle-même...

— Je désire que d'abord vous me disiez tout ce que
vous savez; et, je vous le répète, votre devoir vous
l'ordonne.

— Eh bien, dit la bonne veuve, apprenez que ce
livre, que le père Philippe avait emporté hier, nous a
été rendu ce matin d'une manière bien étrange.

— Rendu! que voulez-vous dire!

— Je veux dire que ce même volume a été rapporté
à Glendearg; mais comment? c'est ce que les saints sa-
vent mieux que nous. Voici ce que c'est. Le vieux Martin, qui est le domestique de lady Avenel, cette chère
dame! conduisait les vaches au pâturage; car il faut
vous dire que nous avons trois bonnes vaches laitières,
Dieu merci, et grace au saint monastère...

Le moine brûlait d'impatience ; mais il se rappela qu'une femme du caractère de dame Elspeth était comme une toupie qui finit par s'arrêter si vous la laissez tourner tranquillement, tandis que si vous l'interrompez en la fouettant, il n'y a pas de raison pour qu'elle s'arrête. — Mais pour ne plus parler de nos vaches à Votre Révérence, quoique jamais on n'en ait vu de plus belles, comme je vous le disais, le vieux Martin les conduisait au pâturage, accompagné de mes enfans Halbert et Édouard, que Votre Révérence a pu voir à l'église les jours de fête, et de la petite Marie Avenel, la fille de cette pauvre dame. Ils se mirent tous trois à courir et à jouer dans la plaine, car il faut bien que jeunesse s'amuse, mon révérend père. Ils perdirent bientôt de vue le vieux Martin, et se mirent à monter une petite colline que nous appelons *Corrie nan Shian,* où il se trouve une petite source. Mais à peine étaient-ils arrivés sur le sommet qu'ils virent... le ciel ait pitié de nous ! une femme vêtue de blanc, assise sur le bord de la source, et qui se tordait les mains. Marie et Édouard, saisis de frayeur à la vue de cette étrangère, s'enfuirent aussitôt ; mais Halbert, qui aura seize ans à la Pentecôte, et qui n'a jamais connu la crainte, s'avança hardiment pour lui parler : bah ! la dame blanche avait déjà disparu.

— Fi ! dame Elspeth, dit le père Eustache ; comment une femme aussi sensée que vous peut-elle écouter un pareil conte ? ces enfans ont voulu s'amuser, et voilà tout.

— Non, mon père ; ils ne m'ont jamais déguisé la vérité, et je suis sûre que c'est comme ils le disent. D'ailleurs, vous ne savez pas encore tout. Apprenez qu'à

12.

l'endroit même où la dame blanche était assise, Halbert trouva le livre de lady Avenel, qu'il lui rapporta.

— Voilà du moins qui mérite attention, dit le moine. Êtes-vous bien sûre que ce soit le volume que vous donnâtes hier au père Philippe?

— Aussi sûre que je le suis de parler maintenant à Votre Révérence.

— C'est bien singulier! reprit le père Eustache; et il se promena dans la chambre d'un air pensif.

— J'étais sur les épines, ajouta la bonne veuve, tant il me tardait de vous voir, et de savoir ce que vous penseriez de tout ceci. Il n'est rien que je ne fisse pour lady Avenel et pour sa famille, et je crois l'avoir prouvé; j'en dirai autant de Martin et de Tibbie, quoique Tibbie ne soit pas toujours aussi polie que j'aurais droit de l'attendre d'elle; mais je ne trouve pas très-agréable d'être toujours entourée d'anges, d'esprits, de fées, que sais-je? Tout ce que cette dame a pu souhaiter, je l'ai toujours fait, sans qu'il lui en coûtât un sou, comme diraient nos paysans; mais je ne sais trop quel parti prendre à présent. J'ai eu soin d'attacher un fil rouge autour du cou des enfans, de donner à chacun d'eux une baguette de frêne, et de coudre dans leurs vestes de l'écorce d'orme. Votre Révérence sait si une pauvre veuve pouvait faire plus dans de pareilles circonstances.

— Dame Elspeth, dit le moine qui l'avait à peine écoutée, dites-moi, je vous prie, connaissez-vous la fille du meunier?

— Si je la connais? aussi bien que le mendiant connaît son écuelle.

— Peut-être alors savez-vous quels sont les vêtemens qu'elle porte d'ordinaire?

— Oui, mon père; elle porte presque toujours une belle robe blanche, sans doute pour cacher la poussière du moulin, et un capuchon bleu, dont elle pourrait bien se passer si elle était moins fière.

— Ne serait-ce pas elle, dame Elspeth, qui aurait rapporté ce livre, et qui se serait éloignée lorsque les enfans se sont approchés du puits?

Mistress Glendinning hésita; elle ne voulait pas, dit-elle, combattre l'explication donnée par le moine; mais elle ne pouvait concevoir que la fille du meunier fût venue dans un lieu aussi désert, simplement pour apporter un vieux livre à trois enfans, dont elle avait même paru vouloir fuir les regards. — Pourquoi, connaissant la famille, et ayant toujours reçu exactement de moi son droit de mouture, Dieu merci, ne serait-elle pas venue jusqu'à la maison pour se reposer un instant, manger un morceau, et nous dire les nouvelles de la rivière.

Le moine eût pu répondre à ces objections, mais il craignit que cette discussion ne l'entraînât trop loin; et, changeant de sujet: — Maintenant, dit-il, si vous le permettez, j'irai voir cette dame. Allez, je vous prie, la préparer à me recevoir.

Mistress Glendinning laissa le moine livré à ses réflexions, cherchant quelle marche il devrait suivre de préférence pour remplir efficacement l'important devoir que lui imposait son ministère. Il résolut d'employer d'abord les réprimandes auprès de la malade, en y mettant néanmoins cette douceur que son état de faiblesse semblait commander. Si elle répliquait, et suivait l'exemple donné récemment par des fanatiques endurcis, il savait par quels argumens il fallait combattre leurs scrupules ordinaires. — Voilà les réponses, se disait-il, que peut faire un membre de l'école moderne d'hérésie, qui, en étudiant les Saintes Écritures, usurpe les fonctions du sacerdoce ; voilà par quelles réfutations victorieuses je le confondrai, et je le forcerai dans ses derniers retranchemens. Ensuite il ferait à la pénitente une exhortation salutaire, mais terrible, la conjurant, si elle voulait sauver son ame, si elle voulait recevoir les derniers secours de la religion, de lui découvrir ce qu'elle savait de ce sombre mystère d'iniquité ; comment l'hérésie avait pu pénétrer jusque sur les terres même de l'Église ; quels agens avaient pu se glisser ainsi dans l'ombre, se soustraire aux regards, et rapporter un livre interdit par l'Église, dans un lieu d'où il avait été retiré par un de ses membres, et qui, en encourageant les profanes à obtenir des connaissances interdites et inutiles aux laïques, préparaient de nouveaux triomphes à l'esprit tentateur.

Mais le bon père oublia tous ces raisonnemens lorsque Elspeth revint les yeux baignés de larmes, et lui fit signe de la suivre.

— Comment, s'écria-t-il, est-elle donc si près de sa fin ? Allons, allons, il ne faut pas désespérer encore ; et le bon sous-prieur s'empressa d'entrer dans la petite chambre où, sur le misérable lit qu'elle avait occupé depuis que ses malheurs l'avaient conduite à la tour de Glendearg, la veuve de Walter Avenel venait de rendre le dernier soupir. Son ame était allée rejoindre son créateur.

—Mon Dieu, dit le sous-prieur, si au lieu de me livrer à de vaines réflexions j'étais venu tout de suite auprès d'elle, elle eût du moins reçu les consolations de l'Église.

De grace, dame Elspeth, s'écria-t-il vivement, voyez, ne donne-t-elle aucun signe de vie? n'est-il pas possible qu'elle reprenne un instant connaissance... un seul instant? Oh! si elle pouvait dire un seul mot, faire le moindre geste pour exprimer son repentir! Êtes-vous bien sûre qu'il n'y a plus d'espoir?

— Hélas! dit la veuve, nous ne la reverrons plus! et sa pauvre fille reste orpheline! j'ai perdu à jamais la compagne dont la société m'était devenue si nécessaire. Mais elle est dans le ciel, si jamais femme y fut reçue; car jamais vie plus exemplaire...

— Malheur à moi, dit le bon moine, si elle n'y est pas en effet; malheur au pasteur imprudent qui a permis au loup avide d'emporter une de ses plus précieuses brebis, tandis qu'il s'amusait à préparer sa fronde et son bâton pour l'attaquer! Oh! si dans la longue éternité le bonheur n'est pas le partage de cette pauvre ame, que mon retard lui aura coûté cher! Quoi de plus précieux qu'une ame immortelle?

Il s'approcha alors du corps, et contemplant d'un air douloureux ces joues décolorées sur lesquelles un sourire semblait se dessiner encore, tant elle était sortie doucement de la vie : — Hélas, dit-il, le souffle de la mort a passé sur cette plante fragile; pensée affreuse pour moi si ma négligence doit être pour elle une source de maux éternels! Il conjura alors de nouveau mistress Glendinning de lui dire ce qu'elle savait de la conduite et des habitudes de la défunte.

Les réponses furent toutes à l'honneur de lady Avenel, car sa compagne, qui l'avait admirée pendant sa vie, malgré quelque peu de jalousie dont parfois elle n'avait pu se défendre, l'idolâtrait alors après sa mort, et il n'y avait point d'hommages qu'elle ne s'empressât de rendre à sa mémoire.

Dans le fait, lady Avenel pouvait bien avoir conçu quelque doute secret sur quelques-unes des doctrines de l'église de Rome, et en appeler tacitement de ce système corrompu de christianisme au livre sur lequel le christianisme lui-même est fondé; mais elle n'avait jamais cessé d'être régulière dans les devoirs qu'exige la foi catholique; peut-être ses scrupules n'allaient pas jusqu'à vouloir changer de communion. Tels étaient les sentimens de la plupart des premiers réformateurs, qui, pendant quelque temps du moins, firent tout pour éviter un schisme jusqu'à ce que la violence du pape l'eût rendu inévitable.

Le père Eustache écoutait avidement la dame Elspeth, et il l'entendait surtout avec plaisir assurer que, sur les principaux articles de foi, cette dame lui avait toujours paru parfaitement orthodoxe, et qu'elle assistait régulièrement aux offices de l'Église, car sa conscience lui reprochait amèrement d'avoir prolongé son entretien avec la veuve, au lieu de s'être rendu aussitôt dans la chambre où sa présence était si nécessaire. — Si tu ne subis pas encore toute la peine due aux sectaires opiniâtres, dit-il en regardant le corps qui était sous ses yeux, si tu ne souffres que pour un temps, pour expier des fautes qui tiennent plus de la fragilité humaine que du péché mortel, ne crains pas d'habiter long-temps les régions de souffrances et de deuil. Jeûnes, pénitences, macérations de mon corps, jusqu'à ce qu'il ressemble à ce cadavre informe que l'ame a abandonné, je ferai tout pour hâter ta délivrance. La sainte Église, le monastère, notre divine patronne, intercédront pour celle dont les erreurs furent rachetées par tant de vertus. Laissez-moi, dame Elspeth; c'est ici, c'est au pied de son lit que je remplirai les pieux devoirs que réclame cette douloureuse circonstance.

Elspeth obéit, et le moine se mit à dire avec ferveur les prières d'usage pour le repos de l'ame de la défunte. Il resta une heure enfermé seul dans la chambre, et alla ensuite rejoindre la maîtresse du logis, qu'il retrouva encore dans les larmes.

Ce serait ne pas rendre justice à l'hospitalité de mistress Glendinning, que de supposer que le tribut de larmes qu'elle paya sincèrement à la mémoire de son amie l'absorba au point de lui faire oublier ce qu'elle devait à son hôte, le sous-prieur du monastère; le pain d'orge avait été préparé, un flacon de la meilleure bière avait été tiré, le jambon le plus succulent avait été placé sur la table, ainsi que le beurre le plus frais; et ce ne fut que lorsque tous ces préparatifs furent terminés qu'elle s'assit dans le coin de la cheminée, et que, jetant son tablier sur sa tête, elle s'abandonna à toute sa douleur. Il n'y avait là ni grimace ni affectation. Faire les honneurs de sa maison était, aux yeux de la bonne veuve, un devoir tout aussi essentiel que tous ceux que pouvait lui commander son cœur.

Lorsque le sous-prieur entra, elle essuya aussitôt ses larmes, et se levant elle le pria de ne pas dédaigner le modeste repas qu'elle lui avait préparé. Mais celui-ci la pria de l'excuser, et se montra inflexible : ni le beurre, aussi jaune que l'or, et le meilleur, lui dit-elle, qu'on fît dans les domaines de Sainte-Marie, ni les petits pains d'orge que la pauvre défunte, Dieu la protège!

trouvait toujours si bons, rien ne put décider le sous-
prieur à rompre son jeûne.

— Je ne prendrai rien aujourd'hui avant le coucher
du soleil, lui dit-il; heureux si par cette légère priva-
tion je puis expier ma propre négligence! plus heureux
encore si la défunte peut en retirer quelque soulage-
ment! Cependant, dame Elspeth, ajouta-t-il, tout en
m'occupant des morts je ne saurais oublier les vivans
au point de laisser derrière moi ce livre, qui est pour
les ignorans ce que fut pour nos premiers parens l'arbre
de la science du bien et du mal, excellent en lui-même,
mais fatal pour ceux à qui il est défendu.

— Oh! je vous le donnerai bien volontiers, mon révérend père, dit la veuve de Simon Glendinning, si je
puis parvenir à le dérober aux enfans, et ce ne sera pas
bien difficile à présent: les pauvres petits! on leur ar-
racherait le cœur sans qu'ils s'en aperçussent, tant ils
sont plongés dans l'affliction!

— Donnez-leur à la place ce Missel, dit le père Eustache en tirant de sa poche un livre orné de belles
figures, et je viendrai moi-même leur expliquer ces
images.

— Les belles peintures! dit mistress Glendinning
oubliant un instant sa douleur; je réponds bien
que c'est un autre livre que celui de la pauvre lady
Avenel, et peut-être serions-nous tous heureux aujour-
d'hui si Votre Révérence était venue hier, au lieu du
père Philippe; quoique le sacristain soit un homme
puissant, et qu'à l'entendre parler on dirait que d'un
mot il pourrait faire envoler la maison, si pourtant les
murs n'étaient pas si épais; car, Dieu merci, les ancêtres de Simon y ont mis bon ordre.

Le moine demanda sa mule, et il se disposait à partir, quoique la bonne veuve lui fît encore mille questions au sujet des funérailles, lorsqu'un cavalier armé de toutes pièces entra dans la cour de la tour de Glendearg.

———

CHAPITRE IX.

―――

« Depuis qu'ils sont venus dans ces cantons,
» Le fer au poing, couverts de leur armure,
» On cherche en vain dans nos tristes sillons
   • La moindre trace de culture.
   » Ainsi parlait dans sa douleur,
» John Uponland, vieux laboureur. »

Manuscrit du Bannatyne.

LES lois d'Écosse, aussi sages et aussi judicieuses qu'elles étaient inutiles, faute d'être mises à exécution, avaient tenté en vain de remédier au tort que faisaient à l'agriculture les nobles et les grands propriétaires, en gardant à leur service des hommes d'armes, qu'on appelait alors des *jacks*, à cause de la jaquette ou pourpoint doublé de fer qu'ils portaient pour armure. Cette soldatesque se comportait avec une insolence sans égale à l'égard de la classe industrieuse de la société, vivait, en grande partie, de pillage, et était toujours prête à exécuter les ordres de son maître, quelque contraires aux lois qu'ils pussent être. En adoptant un pareil genre de vie, ces hommes renonçaient aux travaux réguliers et aux espérances tranquilles d'une honnête industrie, pour un métier dangereux, précaire, et qui cependant avait tant de charmes pour ceux qui y étaient une fois habitués, qu'il leur devenait impossible d'en embrasser un autre.

Telle est l'origine des plaintes de John Uponland, personnnage fictif, représentant un villageois, dans la bouche duquel les poètes du temps mettaient leurs satires générales sur les hommes et les mœurs :

> On les voit chevaucher, dans leur rage barbare,
> A travers les torrens et le noires forêts !
> Armés de pied en cap, et sans nous crier : gare !
> Ils ravagent soudain vos paisibles guérets.
> Autant vaudrait voir arriver le diable,
> Disait John Uponland d'une voix lamentable.

Christie de Clinthill, le cavalier qui venait d'arriver à la tour de Glendearg, appartenait à cette classe trop nombreuse, comme l'annonçaient les plaques de fer dont ses épaules étaient couvertes, ses éperons rouillés et sa longue lance. Son casque, qui n'était nullement brillant, était surmonté d'une branche de houx, qui distinguait les Avenel. Une longue épée à deux tranchans, avec une poignée en chêne poli, pendait à son côté. La maigreur du cheval et celle de son maître prouvaient qu'ils faisaient tous deux un métier pénible et peu lucratif. Il salua dame Glendinning d'un air qui n'était rien moins que respectueux, et le sous-prieur avec moins de cérémonie encore; car le manque de respect pour les ordres religieux devenait tous les jours plus commun, surtout parmi les hommes du métier de Christie, quoiqu'on puisse supposer qu'ils n'étaient pas plus attachés aux nouvelles doctrines qu'aux anciens principes.

— Ainsi donc notre lady est morte, dame Elspeth, dit Christie : mon maître lui envoyait un bœuf gras pour le jour de sa naissance, mais il servira pour celui de ses funérailles. Je l'ai laissé dans les pâturages; mais comme il est borgne, et qu'il a été marqué en deux endroits avec un fer chaud, plus tôt il sera écorché, mieux cela vaudra; vous m'entendez? Allons, faites donner un picotin d'avoine à mon cheval, et faites-moi servir une tranche de bœuf et une pinte de bière, car il faut que j'aille au monastère. Cependant voilà un moine qui, je crois, pourrait faire ma commission.

— Ta commission, insolent! dit le sous-prieur en fronçant les sourcils.

— Pour l'amour du ciel, écoutez-moi, s'écria la pauvre Elspeth, qui tremblait de crainte de voir une querelle s'élever entre eux. Christie, c'est le père Eustache, le sous-prieur de l'abbaye! Révérend père, c'est Christie de Clinthill, le chef des jacks du laird d'Avenel!

— Vous êtes au service de Julien d'Avenel, dit le sous-prieur en s'adressant au cavalier, et vous parlez d'une manière si incivile à un frère d'une abbaye à laquelle votre maître a tant d'obligations!

— Il a dessein de lui en avoir encore davantage, répondit Christie, car ayant appris que sa belle-sœur, la veuve de Walter Avenel, était fort mal, il m'a chargé d'aller prévenir le père abbé que son intention, si elle mourait, était de célébrer la fête funéraire à l'abbaye, où il s'invite avec une vingtaine de cavaliers et quelques amis, pour y passer trois jours et trois nuits aux frais du couvent; et il en donne avis d'avance afin qu'on ait le temps de faire les préparatifs nécessaires.

— Espères-tu, répondit le sous-prieur, que je me chargerai de ce message insultant pour notre révérend abbé? Crois-tu que les biens de l'Église lui aient été donnés par de saints princes et de pieux seigneurs pour être dissipés en folles profusions au gré du premier laïque orgueilleux qui entretient une suite plus nombreuse que ses moyens ne le lui permettent? Dis à ton maître, de la part du sous-prieur de Sainte-Marie, que le primat d'Écosse nous a donné ordre de ne plus nous soumettre à des exactions arbitraires, sous le faux prétexte d'hospitalité. Nos domaines nous ont été légués pour soulager le pauvre et le pèlerin, et non pour assouvir la cupidité de bandes de soldats grossiers.

— C'est à moi que vous tenez ce langage! s'écria Christie: c'est de mon maître que vous parlez ainsi! prenez garde à vous, messire moine, et essayez si vos *ave* et vos *credo* empêcheront vos bestiaux de s'égarer, et rendront vos granges incombustibles.

— Oses-tu menacer le patrimoine de l'Église de pillage et d'incendie? répondit le père Eustache; et cela à la face du soleil! Je prie tous ceux qui m'entendent de se rappeler les paroles que ce misérable vient de prononcer. Souviens-toi combien lord James a fait noyer de drôles de ton espèce dans l'étang de Jeddard. C'est à lui et au primat d'Écosse que je porterai mes plaintes.

Christie furieux mit sa lance en arrêt, et en menaça

la poitrine du sous-prieur. Elspeth poussa de grands cris ; et, se précipitant vers Christie :

— Pour l'amour de Dieu, lui dit-elle, songez donc que c'est un homme d'Église !

— Je ne crains pas sa lance, dit le sous-prieur : si je meurs en défendant les droits et les privilèges de ma communauté, le primat saura punir ce crime.

— Qu'il prenne garde à lui-même, dit Christie, mais en même temps il baissa sa lance, et la déposa contre le mur. Si les soldats du comté de Fife, qui sont venus ici avec le gouverneur dans la dernière guerre, m'ont dit la vérité, Norman Leslie est son ennemi, et il le mènera durement. On sait que Norman est un chien qui ne lâche jamais ce qu'il a une fois mordu. Au surplus, je n'avais pas dessein d'offenser le révérend père, ajouta-t-il, sentant peut-être qu'il avait été un peu trop loin : je ne suis qu'un soldat, je ne connais que la lance et l'étrier, je ne suis point habitué à traiter avec des savans et des prêtres ; et, si j'ai dit quelque chose qui l'ait blessé, je suis prêt à lui faire mes excuses, et à lui demander sa bénédiction.

— Pour l'amour du ciel ! dit Elspeth au sous-prieur en le tirant à part, pardonnez-lui, je vous en conjure. Comment pourrons-nous dormir en paix pendant les longues nuits, si l'abbaye a de pareilles gens pour ennemis ?

— Vous avez raison, répondit le père Eustache : c'est à votre sûreté que je dois penser avant tout. Soldat, je vous pardonne, et je prie Dieu de vous accorder sa bénédiction et de vous envoyer des principes d'honnêteté.

Christie fit une inclination à contre-cœur, et murmura entre ses dents :—Autant vaut dire que Dieu t'envoie la famine ! Mais, à présent, sire sous-prieur, revenons-en au message de mon maître : quelle réponse dois-je lui faire ?

— Que le corps de la veuve de Walter Avenel sera déposé dans le même tombeau que celui de son mari, avec tous les honneurs dus au rang où Dieu l'avait placée. Quant à la visite de trois jours que votre maître se propose de nous faire avec sa suite et ses amis, il ne m'appartient pas de répondre à cet objet, et vous devez faire part à notre digne abbé des intentions de Julien Avenel.

— C'est une course de plus qu'il m'en coûtera, dit Christie : mais qu'importe à quoi j'emploie ma journée ? Eh bien ! mon garçon, dit-il à Halbert, qui s'était emparé de sa lance, que dites-vous de cet outil ? est-il de votre goût ? voulez-vous vous enrôler dans ma troupe ?

— A Dieu ne plaise ! s'écria vivement sa mère. Mais, craignant que Christie ne se trouvât offensé de cette exclamation, elle s'empressa de lui expliquer que, depuis que son pauvre Simon avait été tué d'un coup de flèche, elle ne pouvait sans trembler voir un arc, une lance ni aucune espèce d'armes.

— Il faut prendre un autre mari, dame Elspeth ; cela chassera de votre tête toutes ces sornettes. Que diriez-vous d'un gaillard comme moi ? Cette vieille tour est assez forte ; et si l'on y était serré de trop près, on est entouré de montagnes, de bois et de marécages. Oui, un homme pourrait bien vivre ici, entretenir une douzaine de bons compagnons montés et équipés, tenir une bonne maison, grace à sa lance et à quelques expé-

ditions, et par-dessus le marché avoir de bonnes ma-
nières pour la vieille donzelle. Qu'en dites-vous, dame
Elspeth?

— Hélas! Christie, pouvez-vous parler ainsi à une
pauvre veuve, et quand la mort est dans sa maison?

— Veuve! sans doute, et c'est pour cela qu'il faut
prendre un mari. Le premier est mort, eh bien! il faut
en prendre un second qui soit plus solide, et qui ne
meure pas de la pépie comme un jeune poulet. Mais allons, donnez-moi quelque chose à manger, et nous parlerons de cela un autre jour.

Elspeth connaissait le caractère de l'homme. Elle le
méprisait autant qu'elle le craignait, et cependant elle
ne put s'empêcher de répondre par un sourire à ses
brusques galanteries. — C'est pour qu'il se tienne en
repos, dit-elle à part au sous-prieur. Et sur-le-champ
elle servit au maraudeur le repas qu'elle avait préparé
pour le père Eustache, se flattant que la bonne chère et
le pouvoir de ses charmes occuperaient tellement le maraudeur, qu'il ne songerait plus à l'altercation qui avait
eu lieu.

Le sous-prieur n'avait pas plus d'envie d'occasioner
une rupture entre l'abbaye et un homme tel que Julien
Avenel. Il sentait que la modération était aussi nécessaire que la fermeté pour soutenir l'Église romaine au
milieu des attaques dirigées contre elle; et il savait que,
contre l'usage des siècles précédens, les contestations
entre le clergé et les laïques se terminaient alors ordinairement à l'avantage de ces derniers. Il résolut donc
d'éviter toute nouvelle occasion de querelle, en se
retirant; mais il ne manqua pas de s'emparer d'a-
bord du livre que le père sacristain avait emporté la

veille, et qui avait été rapporté d'une manière si merveilleuse.

Édouard, le plus jeune des fils de dame Elspeth, s'opposa fortement à cet enlèvement. Marie en aurait probablement fait autant; mais elle était alors dans une autre chambre avec Tibbie, qui mettait en usage l'éloquence de la nature pour la consoler de la perte de sa mère.

Édouard défendit les droits de sa jeune amie avec une fermeté qu'on n'avait pas remarquée jusqu'alors dans son caractère; et déclara que, maintenant que lady Avenel n'existait plus, ce livre appartenait à Marie, et que personne n'en disposerait que Marie.

— Mais si c'est un livre qu'il ne convient pas que Marie lise, dit le sous-prieur, vous ne voudriez pas qu'il restât entre ses mains.

— Sa mère le lisait, par conséquent on peut le lire sans faire mal. Vous ne l'emporterez point. Mais où est donc Halbert? Il écoute sans doute les rodomontades de Christie. Il ne parle jamais que de se battre; pourquoi donc n'est-il pas ici?

— Quoi! Édouard, voudriez-vous vous battre contre moi, contre un prêtre, contre un vieillard?

— Quand vous seriez plus prêtre que le pape, et plus vieux que nos montagnes, je vous dis que vous n'emporterez pas le livre de Marie sans ma permission: je me battrais plutôt.

— Mais, mon jeune ami, qui vous dit que je prétends le garder? Ne puis-je l'emprunter? Tenez, voici un beau missel que je vous laisserai pour gage.

Édouard ouvrit le missel avec curiosité, et il examina les peintures dont il était orné.

— Saint Georges et le dragon, dit-il ; Halbert aimera cela. Saint Michel brandissant son épée sur la tête du malin esprit ; c'est encore bon pour Halbert. Saint Jean conduisant son agneau dans le désert, avec sa petite croix de roseaux ; ce sera mon image favorite. Et quelle est cette belle femme qui pleure et qui se lamente ?

— Sainte Marie-Madeleine qui se repent de ses fautes, mon cher enfant.

— Cela ne conviendra pas à notre Marie, parce qu'elle n'en commet jamais.

— Eh bien, je vais vous montrer une autre Marie qui la protégera ainsi que vous. Voyez comme elle brille avec sa robe parsemée d'étoiles.

L'enfant était en extase devant le portrait de la Vierge, que le sous-prieur lui montrait.

— Celui-ci ressemble véritablement à notre Marie, et je crois que je puis vous laisser emporter le livre noir, où il ne se trouve aucune image, et garder celui-ci pour Marie. Cependant, quand j'y pense, il est possible qu'elle préfère l'autre, attendu qu'il vient de sa mère : ainsi il faut que vous me promettiez de revenir le rapporter.

— Je reviendrai bien certainement, dit le père Eustache qui désirait lui répondre d'une manière évasive, et si vous êtes docile, je vous apprendrai à lire, à écrire et à peindre de pareilles images, en azur, en vert, en jaune...

— Et à faire des figures comme celles de ces saints, et surtout de ces deux Maries ?

— Oui ; avec leur bénédiction, je vous instruirai dans cet art, autant que je suis capable de l'enseigner, et que vous le serez de l'apprendre.

— Alors je ferai le portrait de Marie. Mais n'oubliez pas qu'il faut me rapporter le livre noir.

— Vous me reverrez bientôt, répondit le sous-prieur ; et désirant partir avant que Christie eût terminé son repas, pour éviter une nouvelle entrevue avec lui, il monta sur sa mule, et reprit le chemin du couvent.

Le jour touchait à sa fin lorsque le sous-prieur se remit en route, car il s'était trouvé retenu à la tour plus long-temps qu'il ne se proposait d'y rester. Un vent d'est très-piquant sifflait dans les feuilles desséchées, et rompait les faibles nœuds qui les retenaient encore aux arbres.

— C'est ainsi, dit le père Eustache, que dans la vallée du temps notre perspective devient plus sombre à mesure que nous avançons. Qu'ai-je gagné à mon voyage ? la certitude que l'hérésie travaille contre nous avec une activité plus qu'ordinaire, et que cet esprit dangereux, qui porte à insulter les ordres religieux et à piller les propriétés de l'Église, esprit si généralement répandu dans tous les districts de l'est de l'Écosse, arrive maintenant à grands pas vers nous.

Le bruit que faisaient les pas d'un cheval qui arrivait derrière lui, l'interrompit dans ses réflexions. Il retourna la tête, et reconnut le même cavalier qu'il avait laissé à la tour.

— Bonsoir, mon fils, et que le ciel vous bénisse, dit le sous-prieur quand le soldat grossier passa près de lui ; mais celui-ci fit à peine un mouvement de tête ; et pressant les flancs de son cheval, il partit d'un train qui laissa bientôt derrière lui le moine et sa mule.

— Et voilà, pensa le sous-prieur, un autre fléau du temps où nous vivons ; un drôle que sa naissance destinait à cultiver la terre, et que les divisions funestes et antichrétiennes qui déchirent le pays ont rendu un brigand audacieux et entreprenant. Les barons écossais sont devenus des voleurs et des pillards, opprimant le pauvre par violence, et dévastant les biens de l'Église en allant vivre à discrétion dans les abbayes et les prieurés, sans honte ni raison. Je crains d'arriver trop tard pour conseiller à l'abbé de résister aux prétentions de ces audacieux oppresseurs (1). Il faut que je double le pas.

En même temps il donna un coup de houssine à sa mule; mais l'animal, au lieu d'en marcher plus vite, s'arrêta tout à coup, devint rétif, et rien ne put obtenir de lui qu'il fît un pas en avant.

— Es-tu aussi infectée de l'esprit du temps, dit le sous-prieur; toi qui étais ordinairement si docile, te voilà aussi rétive qu'un Jack ou qu'un Hérétique.

Pendant que le sous-prieur cherchait à vaincre l'opiniâtreté de sa mule, il entendit une voix de femme qui lui chantait à l'oreille, ou du moins à très-peu de distance, les paroles suivantes :

> Bonsoir, bonsoir, moine pieux,
> Osez-vous bien au clair-de-lune
> Risquer votre froc en ces lieux,
> Comme pour braver la fortune ?

(1) *Sorners. To sorne*, en Écosse, signifie exiger le logement malgré le maître de la maison; ce qui est déclaré équivaloir au vol d'après un statut de l'année 1445. Les Chefs puissans imposaient souvent aux monastères des exactions de ce genre; la commune d'Aberbrothock porta plainte contre un comte d'Angus, je crois, qui avait pris l'habitude de venir une fois l'an avec mille cavaliers pour vivre aux dépens du pays, jusqu'à ce que les provisions d'hiver fussent épuisées. — W. S.

Bien vite rebroussez chemin
De cette profonde vallée ;
Redoutez le mauvais lutin :
Rapportez la Bible volée ;
Souvenez-vous du sacristain.

Le sous-prieur jeta les yeux autour de lui, mais il n'y avait dans les environs ni arbres ni bosquets qui pussent cacher celle qui chantait. — Que la sainte Vierge me protège! dit-il ; je crois que mes sens ne m'ont pas encore tout-à-fait abandonné. Cependant comment mes pensées s'arrangent-elles en des vers que je méprise, et avec une musique dont je ne me soucie pas? Pourquoi la voix d'une femme frappe-t-elle mes oreilles, depuis si long-temps indifférentes à cette mélodie? Je n'y comprends rien, et c'est presque la même chose que la vision du père sacristain. Allons, ma mule, allons, avançons, et éloignons-nous d'ici avant que j'aie entièrement perdu le jugement.

Mais la mule semblait avoir pris racine, et ses yeux, sortant presque de leur orbite, annonçaient de quelle terreur elle était saisie.

Tandis que le père Eustache employait alternativement les coups et les caresses sur cet animal fantasque, la voix invisible se fit de nouveau entendre à deux pas, et chanta ce qui suit :

C'est donc pour piller un tombeau
Que vous avez fait ce voyage ?
Cet exploit sans doute est bien beau,
Reste à savoir s'il est bien sage.
Renoncez à votre butin,
Et retournez vite en arrière ;
La mort veille dans ce chemin,
Redoutez sa faux meurtrière.

— Au nom de mon maître, s'écria le sous-prieur, au

14

nom du maître de l'univers, dont le nom commande à
toute la nature, je te conjure de me dire qui tu es, toi
qui me persécutes ainsi.

La même voix répondit :

Ce que je suis? ni bien ni mal.
Si mon être n'est pas de céleste origine,
Au moins il n'est pas infernal.
Je suis cette vapeur qu'on voit sur la colline
S'élever du fond du vallon;
Ou goutte de rosée, ou rayon de lumière,
Forme fantastique et légère
Que croit voir en rêvant l'imagination.

— Ceci passe le pouvoir de l'imagination, dit le sous-
prieur, qui, malgré la fermeté de son caractère, sentait
ses cheveux se dresser sur sa tête et son sang se glacer,
en se trouvant si près d'un être surnaturel. Esprit du
mal, ajouta-t-il, je te commande de te retirer. Tu ne
dois avoir de pouvoir que sur ceux qui travaillent avec
négligence dans la vigne du Seigneur.

La voix répliqua sur-le-champ :

Tu voudrais vainement me priver de mes droits :
Je puis suivre le vol du brillant météore,
Prendre pour mon coursier un rayon de l'aurore,
Devancer le tonnerre, égaler à la fois
Et le vent qui dessèche, et le feu qui dévore,
Et le torrent fougueux qu'on ne peut captiver.
Adieu, mais avant peu tu m'entendras encore :
Au détour du vallon je dois te retrouver.

La mule était couverte de sueur; le tremblement de
tout son corps annonçait la terreur qu'elle éprouvait;
cependant en ce moment elle parut plus tranquille, et
se remit en marche sans attendre l'ordre de son maître.

— Je révoquais en doute l'existence des cabalistes et
des rose-croix, pensa le sous-prieur; mais, par mon

saint ordre, je ne sais plus qu'en dire. Je n'ai pas la fièvre au cerveau, je suis à jeun, je possède toutes mes facultés, il faut donc qu'il ait été accordé à l'ennemi du genre humain d'avoir du pouvoir sur moi, ou que ce qu'ont écrit Cornélius Agrippa, Paracelse, et les autres auteurs qui ont traité de la philosophie occulte, ne soit pas sans fondement. Au détour du vallon ! Je me passerais bien de cette seconde rencontre ; mais je suis au service de l'Église, et les portes de l'enfer ne prévaudront pas contre moi.

Il continua à marcher, mais avec précaution, et non sans crainte, car il ne savait pas précisément dans quel moment et à quel endroit l'être invisible devait interrompre une seconde fois son voyage, le vallon faisant plusieurs détours ; mais après environ un mille, étant arrivé dans un endroit où la rivière, s'approchant d'une montagne escarpée, ne laissait que le passage nécessaire pour un homme à cheval, et se détournait ensuite brusquement sur la gauche, la mule devint rétive de nouveau, montra les mêmes symptômes de frayeur, et s'arrêta. Le sous-prieur, sachant mieux alors quelle en était la cause, ne fit pas d'efforts pour la faire avancer, mais adressa à l'être invisible, qu'il supposait encore près de lui, les exorcismes solennels employés par l'Église de Rome en pareille occasion.

La voix lui répondit :

Qui n'est l'ennemi de personne,
Ne croit pas avoir d'ennemis ;
Mais, avant que je t'abandonne,
Écoute ce dernier avis :
Dans cette caverne tranquille
Cache-toi sans perdre un instant.

Ne parle pas, reste immobile :
Si l'on te voit, la mort t'attend.

L'être invisible qui parlait ainsi semblait être placé à quelques pas derrière lui. Le sous-prieur tourna la tête de ce côté pour écouter plus attentivement, et voir s'il n'apercevrait rien, quand tout à coup il se sentit enlevé de selle et jeté à terre par une force irrésistible. Il perdit connaissance, et ne la recouvra que long-temps après ; car le soleil dorait encore le sommet des montagnes quand il tomba de cheval, et lorsqu'il revint à lui, la lune dominait sur l'horizon. Encore frappé de terreur, il se mit d'abord sur son séant, et reconnut qu'il n'avait d'autre mal qu'un engourdissement causé par le froid. Un mouvement qu'il entendit près de lui le fit tressaillir ; il se leva, et reconnut que le bruit provenait de sa mule qui paissait tranquillement à côté de son maître.

Il se remit en marche ; et, tout en méditant sur cette aventure extraordinaire, il entra dans la grande vallée arrosée par la Tweed. Dès qu'il eut fait entendre sa voix, le pont-levis se baissa ; il avait tellement gagné le cœur du gardien, que Pierre parut lui-même avec une lanterne pour l'éclairer, et l'approchant du visage du père Eustache :

— Par ma foi, dit-il, Votre Révérence a l'air bien fatigué ! vous êtes pâle comme la mort ! Mais vous autres qui êtes accoutumés à vivre dans une cellule, il faut peu de chose pour vous mettre aux abois. Moi qui vous parle, avant qu'on m'eût perché ici entre l'air et l'eau, j'ai quelquefois fait trente milles d'Écosse avant déjeuner, et j'étais vermeil comme une rose. Vou-

lez-vous manger un morceau? buvez un verre d'eau-
de-vie, cela vous fera du bien.

— J'ai fait vœu de ne rien prendre aujourd'hui, répondit le sous-prieur : je ne vous en suis pas moins
obligé; mais je vous prie de donner ce que vous m'of-
frez au premier pèlerin qui arrivera ici pâle et fatigué
comme moi. Vous y trouverez tous deux votre avantage;
lui en ce monde, et vous dans l'autre.

— Et je le ferai, sur mon honneur, pour l'amour de
vous, répondit Pierre. Il est incroyable que ce père
Eustache gagne le cœur des gens plus aisément que
tous les autres frocards! Ma femme! écoute donc, ma
femme! nous donnerons un morceau de pain et un
verre d'eau-de-vie au premier pèlerin qui passera; et il
n'y aura pas de mal de garder pour cela ce fond de
cruche qui est un peu trouble, et ce pain d'orge mal
cuit que les enfans n'ont pas pu manger.

Tandis que Pierre donnait à sa femme ces charitables
et prudentes instructions, le sous-prieur, qui avait obtenu de lui un acte de générosité si peu ordinaire, continua sa route vers le monastère. Il avait à descendre
dans son cœur, et à y terrasser un ennemi qu'il trouvait
plus formidable que tous ceux que le pouvoir de Satan
pouvait lui susciter extérieurement.

Il était vivement tenté de ne point parler de l'aventure inexplicable qui venait de lui arriver, et il avait
d'autant plus de répugnance à l'avouer, qu'il avait
écouté avec plus d'incrédulité le récit assez analogue
du père sacristain. Il s'aperçut en effet qu'il n'avait
plus le livre qu'il avait emporté de la tour, et qu'on lui
avait sans doute pris pendant qu'il était privé de connaissance.

14.

— Si j'avoue cette étrange aventure, pensait-il, je deviens la risée de tous mes frères, moi que le primat a placé dans cette abbaye pour les surveiller, et maintenir la discipline parmi eux. Je donne sur moi à l'abbé un avantage que je ne regagnerai jamais ; et Dieu seul peut savoir si, dans sa simplicité ignorante, il n'en abusera pas au détriment et au déshonneur de l'Église. Mais si je me détermine à une coupable réticence, de quel front oserais-je donner des avis aux autres, et leur faire des réprimandes ? Avoue, cœur orgueilleux, que le bien de la sainte Église est moins ce qui t'occupe que la crainte d'être humilié. Le ciel t'a puni en te blessant du côté où tu te croyais le plus fort, dans ton orgueil spirituel et dans ta sagesse mondaine. Tu as triomphé de l'inexpérience de tes frères, souffre qu'ils triomphent à leur tour. Dis-leur ce qu'ils refuseront de croire. Affirme ce qu'ils attribueront à une crainte puérile, ou ce qu'ils regarderont peut-être comme un mensonge volontaire. Oui, je ferai mon devoir : mon supérieur saura tout. Si après cela je ne puis plus être utile dans ce monastère, Dieu et la sainte Vierge me placeront dans un autre où je pourrai mieux les servir.

Il n'y avait pas peu de mérite dans la résolution que le père Eustache venait de prendre avec autant de piété que de générosité. Dans tous les rangs de la société les hommes tiennent à l'estime des individus de leur classe ; mais dans la vie monastique, privés de toute relation avec le monde, n'ayant aucunes liaisons d'amitié hors de l'enceinte de leur cloître, la place qu'ils occupent dans l'opinion de leurs confrères est tout pour eux.

Il allait se livrer au ridicule, et peut-être paraître

coupable aux yeux de l'abbé et d'une bonne partie des frères, jaloux et mécontens de l'ascendant qu'il avait sur toute la communauté; mais cette crainte ne put l'emporter dans l'esprit du sous-prieur sur la nécessité de faire ce qu'il regardait comme son devoir.

Bien déterminé à l'accomplir, il vit avec surprise, en approchant de la porte extérieure de l'abbaye, un rassemblement nombreux d'hommes à cheval et à pied, parmi lesquels on distinguait, à la lueur des torches, des moines qui semblaient parcourir les rangs. Le sous-prieur fut accueilli par des acclamations de joie unanimes, qui lui apprirent qu'il était l'objet de leur sollicitude.

— Le voilà! le voilà! Dieu soit loué! le voilà sain et sauf! s'écrièrent les vassaux, tandis que les moines entonnaient un *Te Deum*.

— Qu'y a-t-il, mes enfans? qu'y a-t-il donc, mes frères? demanda le père Eustache en mettant pied à terre.

— Ne le savez-vous pas, mon frère? répondit un des moines: eh bien! suivez-nous au réfectoire, et vous l'apprendrez. Je vous dirai seulement que notre digne abbé avait donné ordre à nos zélés et fidèles vassaux de courir à votre secours. Vous pouvez vous retirer, mes enfans; et tous ceux qui sont venus ce soir à ce rendez-vous pourront faire prendre demain à la cuisine du couvent trois livres de bœuf et autant de pintes de bonne double bière.

Les vassaux se retirèrent en poussant de nouvelles acclamations, et les moines conduisirent en triomphe le sous-prieur au réfectoire.

CHAPITRE X.

« Oui, c'est moi, Dieu merci, sans une égratignure.
» Tout aussi bien portant qu'avant qu'un guet-apens
» Eût failli retrancher quelque chose à mes ans. »

DECKER.

Le premier objet sur lequel le sous-prieur porta les yeux en entrant dans le réfectoire, fut Christie de Clinthill, assis près de la cheminée, chargé de fers, et gardé par quatre vassaux de l'abbaye. Ses traits annonçaient cette résolution sombre et farouche avec laquelle les gens endurcis dans le crime voient souvent arriver l'instant de leur châtiment; mais lorsque le père Eustache s'approcha de lui, ils prirent une expression de surprise sauvage.

— C'est le diable! s'écria-t-il : c'est le diable lui-même qui ramène les morts parmi les vivans.

— Dis plutôt, lui répliqua un moine, que la sainte

Vierge protège ses fidèles serviteurs contre les projets coupables des méchans. Dieu merci, notre cher frère est vivant.

— Vivant! s'écria le coquin en cherchant à s'approcher du sous-prieur. Si cela est, il ne faut plus dire que l'acier est fidèle. Mais oui, sur ma foi, ajouta-t-il en le regardant avec des yeux qui exprimaient le plus grand étonnement, il n'a aucune blessure, pas une égratignure; son froc n'est pas même percé!

— Et qui donc m'aurait blessé? lui demanda le père Eustache.

— Ma bonne lance! une lance qui n'a jamais manqué son coup.

— Que le ciel te pardonne ton dessein coupable! aurais-tu donc voulu tuer un serviteur des autels?

— Bah! bah! quand on vous tuerait tous, il en a péri bien d'autres à Flodden-Field.

— Misérable! es-tu donc hérétique en même temps qu'assassin?

— Non, de par saint Giles! j'ai écouté assez volontiers le laird de Monance, quand il me disait que vous êtes un tas de fripons et d'imposteurs; mais quand il a voulu me persuader d'aller entendre un certain Wiseheart, un prédicateur de l'Évangile, comme on les appelle, il aurait aussi bien fait d'ordonner à un cheval indompté de fléchir les jarrets pour se laisser monter plus facilement.

— Il a encore quelques bons sentimens, dit le père sacristain à l'abbé qui entrait en ce moment: il a refusé d'entendre un prédicateur hérétique.

— Puisse cette circonstance lui être utile dans l'autre monde! répondit l'abbé: mais, mon frère, préparez-le

à quitter celui-ci. Notre bailli va arriver : je vais le livrer au bras séculier ; et à la pointe du jour, il sera
conduit aux fourches patibulaires de la juridiction.

— *Amen!* dit Christie : il fallait que j'y arrivasse tôt
ou tard. Que m'importe de servir de pâture aux cor-
beaux de Sainte-Marie ou à ceux de Carlisle!

— Permettez-moi de supplier Votre Révérence, dit le
sous-prieur, d'avoir un instant de patience, afin que
je puisse m'informer.....

— Quoi! s'écria l'abbé qui ne l'avait pas encore vu,
et qui ignorait son retour, notre cher frère nous est
rendu au moment où nous désespérions de sa vie! Ne
vous agenouillez pas devant un pécheur comme moi.
Relevez-vous, et recevez ma bénédiction. Quand ce
scélérat est arrivé à l'abbaye, bourrelé sans doute par
ses remords, et s'accusant de vous avoir assassiné, il
m'a semblé que la principale colonne de notre abbaye
était écroulée. Il ne faut pas qu'une vie si précieuse
soit plus long-temps exposée dans un pays frontière; il
ne faut pas qu'un homme si évidemment protégé par
le ciel occupe plus long-temps dans l'Église une place
aussi inférieure que celle de sous-prieur. J'écrirai tout
exprès au primat pour solliciter votre prompt avancement.

— Mais faites-moi donc comprendre, dit le sous-
prieur..... Ce soldat a-t-il dit qu'il m'avait tué?

— Qu'il vous avait percé de sa lance, répondit l'abbé,
en courant contre vous à bride abattue. Mais à peine
étiez-vous tombé de votre mule, mortellement blessé,
à ce qu'il croyait, que notre glorieuse patronne lui est
apparue; et.....

— Je n'ai pas dit cela, s'écria le prisonnier : j'ai dit

qu'une femme couverte d'une robe blanche s'est pré-
sentée à moi comme j'allais mettre pied à terre pour
fouiller dans les poches du moine que j'avais renversé,
car je sais qu'elles ne sont pas toujours vides. Elle avait
en main un roseau : elle n'a fait que m'en toucher, et
elle m'a renversé de cheval aussi facilement que je ter-
rasserais un enfant de quatre ans avec une barre de fer.
Alors, comme une diablesse qu'elle est, elle a chanté :

> Sans le houx dont le saint rameau
> Protège seul ton front coupable ,
> Pour l'étrangler, de ce roseau
> J'aurais déjà fait un vrai câble.

Je me suis relevé, tout étourdi, je suis remonté à
cheval, et venu ici comme un fou m'accuser et me faire
pendre.

— Vous voyez, mon frère, dit l'abbé au sous-prieur,
combien vous êtes favorisé de notre bienheureuse patronne, puisqu'elle est devenue elle-même la gardienne
de vos jours. Depuis le temps de notre saint fondateur,
elle n'a accordé une telle grace à personne. J'étais indigne d'avoir sur vous une supériorité spirituelle, et je
me flatte qu'on ne me refusera pas de vous nommer à
l'abbaye vacante d'Aberbrothock.

— Hélas! mon père, répondit le sous-prieur, vos
discours me percent l'ame, et je vous dirai tout-à-
l'heure, sous le sceau de la confession, pourquoi je me
crois plutôt le jouet d'un esprit d'une espèce toute différente, que le favori, le protégé des puissances célestes.
Mais d'abord permettez-moi de faire une ou deux questions à ce malheureux.

— Tout ce qu'il vous plaira, mon frère, répondit

l'abbé; mais vous ne me persuaderez pas qu'il convienne que vous occupiez plus long-temps un grade inférieur au couvent de Sainte-Marie.

— Je voudrais, dit le sous-prieur, demander à cet homme ce qui le portait à donner la mort à quelqu'un qui ne lui a jamais fait de mal.

— Ne m'avez-vous pas menacé? dit Christie, ne vous souvenez-vous pas de ce que vous m'avez dit du primat, de lord James, et de l'étang de Jeddart? croyez-vous que je ne sache pas le proverbe qui dit qu'un moine ne pardonne jamais? pensiez-vous que j'étais assez fou pour attendre que vous m'eussiez fait mettre la corde au cou, ou le corps dans un sac? Il n'y aurait pas eu plus de sagesse à cela que je n'en ai montré en venant m'accuser ici moi-même. Il fallait que je fusse possédé du diable quand j'ai fait cette sottise-là.

— Et n'était-ce que pour une parole échappée dans un moment d'impatience, oubliée dès qu'elle fut prononcée, que vous vouliez m'ôter la vie?

— Oui, c'était pour cela, et par amour pour votre crucifix d'or.

— Juste ciel! Ce métal jaune, une substance vile, quoique brillante, a-t-il pu vous faire oublier l'image sacrée qui frappait vos yeux? Mon digne père, daignez abandonner ce coupable à ma merci.

— A votre justice, si vous le voulez, mon frère, s'écria le père sacristain, mais non à votre merci. Songez que nous ne sommes pas tous également favorisés de la sainte Vierge, et qu'il n'est pas probable que tous les frocs du couvent pourront servir de cotte de mailles contre les coups de lance.

— C'est pour cette raison même que je ne voudrais

pas, tout indigne que j'en suis, occasioner une rupture entre notre communauté et Julien Avenel, maître de cet homme.

— A Dieu ne plaise! s'écria le père sacristain : c'est un second Julien l'Apostat.

— Avec la permission de notre révérend père, dit le sous-prieur, je demande donc qu'on détache les fers de cet homme, et qu'on lui rende la liberté. Ami, dit-il ensuite à Christie en lui offrant son crucifix d'or, je te donne volontairement ce que tu voulais obtenir en m'arrachant la vie. Puisse la vue de cette image sacrée t'inspirer de meilleures pensées que le métal dont elle est faite! Je te permets de t'en défaire, si tes besoins l'exigent, mais à condition qu'en ce cas tu en prendras une autre d'une matière moins coûteuse, mais qui n'en a pas moins de prix aux yeux qui ne la regardent que comme le signe de salut de tous les hommes. C'est un legs que m'a laissé un ami qui m'était bien cher, mais il aura été bien employé s'il peut gagner une ame au ciel.

Le maraudeur, délivré de ses chaînes, regardait alternativement le sous-prieur et le crucifix d'or. — Par saint Giles! dit-il, je ne vous comprends pas : si vous me donnez de l'or pour avoir levé la lance contre vous, que me donneriez-vous donc pour la lever contre un hérétique?

— L'Église, répondit le père Eustache, essaiera l'effet de ses censures spirituelles pour ramener au bercail ces brebis égarées, avant d'employer le tranchant de l'épée de saint Pierre.

— Fort bien, dit Christie, mais on assure que le primat prétend que la corde et le gibet doivent venir

15

au secours de ses censures. Au surplus, adieu : je vous dois la vie, je ne l'oublierai pas.

Le bailli arriva en ce moment tout essoufflé, en grand costume, et suivi de quatre hommes armés de halle-bardes.

— J'ai été un peu lent à me rendre aux ordres de Votre Révérence, dit-il à l'abbé ; c'est que j'ai tant en-graissé depuis la bataille de Pinkie, que j'ai besoin de plus de temps qu'autrefois pour m'habiller. Mais le ca-chot est préparé, et quoique, comme je le disais, j'aie été un peu lent.....

Ici l'homme qu'il comptait emmener prisonnier s'a-vança gravement vers lui d'un air guoguenard.

— Oui, bailli, lui dit-il, vous avez été un peu lent, et j'ai beaucoup d'obligation à votre graisse et au temps qu'il vous a fallu pour vous habiller. Si le bras séculier fût arrivé une demi-heure plus tôt, j'aurais été hors la portée de la merci spirituelle. Au surplus, je vous fais mes adieux, et je souhaite que vous sortiez de vos ha-bits plus facilement que vous n'y êtes entré.

— Misérable ! s'écria le bailli rouge de colère, sans la présence du vénérable et révérend abbé, je t'appren-drais.....

— Si vous avez quelque chose à m'apprendre, dit Christie, vous me trouverez demain, à la pointe du jour, près de la source de Sainte-Marie.

— Pécheur endurci, s'écria le père Eustache, est-ce à l'instant où l'on vient de te faire grace de la vie que tu peux encore avoir de pareilles pensées ?

— Je te retrouverai avant long-temps, dit le bailli, et je t'apprendrai tes *oremus.*

— Avant que ce temps arrive, répondit Christie,

j'examinerai par un beau clair-de-lune si tes bestiaux sont aussi gras que leur maître.

— Je te ferai pendre par une matinée de brouillard, effronté brigand, s'écria l'officier séculier de l'Église.

— Jamais il n'a existé de brigand si effronté que toi, répondit Christie ; et quand les vers rongeront ta carcasse, je puis espérer d'obtenir ta place de la faveur de ces révérends pères.

— Tu peux obtenir un confesseur et une corde de leurs mains et des miennes, dit le bailli. C'est tout ce que tu auras jamais de nous.

Le sous-prieur, voyant que les frères prenaient à cette contestation entre la justice et l'iniquité plus d'intérêt que le strict décorum ne le permettait, les pria tous deux de se retirer. — Bailli, dit-il, emmenez votre escorte, votre présence n'est plus nécessaire ici ; et toi, Christie, pars sans plus de délai, et souviens-toi que tu dois la vie à la clémence de notre révérend abbé.

— Vous pouvez en dire tout ce qu'il vous plaira, répondit Christie ; mais, quant à moi, je juge que c'est à la vôtre que je la dois ; et, comme je vous l'ai dit, je ne l'oublierai point. A ces mots, il partit en sifflant, d'un air aussi tranquille que s'il n'eût pas couru le moindre danger.

— Endurci jusqu'à la brutalité ! dit le père Eustache ; et qui sait pourtant s'il n'est pas au fond meilleur que cet extérieur grossier ne l'annonce ?

— Sauver un voleur de la potence, dit le père sacristain..... vous savez le reste du proverbe ; et en supposant, ce que Dieu veuille nous accorder, que ce coquin audacieux veuille bien ne pas attenter à notre vie, qui nous garantira qu'il respectera de même nos récoltes et nos troupeaux?

— Ce sera moi, mes frères, dit un vieux moine : vous ne savez pas encore ce que peut faire un voleur repentant. Du temps de l'abbé Ingilram, je m'en souviens comme si c'était hier, on ne voyait pas sans plaisir les maraudeurs arriver à l'abbaye. Ils payaient la dîme de tous les troupeaux qu'ils amenaient du sud; et attendu la manière dont ils se les procuraient, ils portaient même quelquefois cette dîme au septième. Lorsque du haut de la tour on voyait s'avancer dans la vallée une vingtaine de bœufs bien gras ou un beau troupeau de moutons, conduits par deux ou trois hommes d'armes, dont le casque, la cuirasse et la longue lance étincelaient au loin, le bon abbé Ingilram, qui avait toujours le mot pour rire, avait coutume de s'écrier : Voilà la dîme des dépouilles des Égyptiens. J'ai vu le fameux Jean Armstrong (1), bel homme, vraiment, plein de religion, et c'est bien dommage qu'il soit mort avec une cravate de chanvre; je l'ai vu, dis-je, venir dans l'église de l'abbaye, ayant à sa toque neuf croix, faites chacune de neuf pièces d'or; et il allait de chapelle en chapelle, de saint en saint, d'autel en autel, laissant ici une pièce d'or, là deux, ailleurs une croix tout entière, jusqu'à ce qu'il ne se trouvât pas plus d'or à sa toque que vous n'en voyez à mon capuchon. Mais où trouver aujourd'hui des maraudeurs de cette espèce?

— Il n'y en a plus, frère Nicolas, répondit l'abbé.

(1) Héros pillard des frontières, dont on trouvera l'histoire dans les *Chants populaires de l'Écosse.* — Éd.

Ils sont plus disposés à prendre l'or de l'Église qu'à lui
en apporter; et quant aux troupeaux qu'ils volent, je
crois qu'ils s'inquiètent peu s'ils appartiennent à un
fermier anglais ou à un monastère écossais.

— Ils n'ont plus rien de bon, dit le père Nicolas; ce
sont de francs vauriens; ils ne ressemblent nullement à
ceux que j'ai vus autrefois.

— Il est inutile d'en parler, frère Nicolas, dit l'abbé;
ce temps est passé. Maintenant, mes frères, vous pouvez vous retirer. Je vous dispense de matines pour cette
nuit. L'assemblée que nous venons d'avoir vous en tien-
dra lieu. Cependant, père sacristain, que la cloche
sonne à l'ordinaire, pour l'édification des fidèles. Recevez ma bénédiction, mes frères. Passez à l'office, le
cellérier vous y donnera un gobelet de vin et une croûte
de pain. Vous avez été inquiets et agités, et en pareil
cas il est dangereux de s'endormir l'estomac vide.

— *Gratias agimus quàm maximas, Domine reverendissime*,
dirent les frères en se retirant dans l'ordre de leurs
grades.

Lorsqu'ils furent sortis, le sous-prieur, se mettant à
genoux devant l'abbé, le pria de l'entendre en confession. L'abbé aurait volontiers allégué pour s'en dispenser la fatigue et l'inquiétude qu'il avait eues pendant cette soirée, mais le père Eustache était de tous
les hommes celui aux yeux duquel il aurait le moins
voulu montrer quelque indifférence à remplir ses devoirs religieux. Il écouta donc sa confession, dans laquelle le sous-prieur lui conta les aventures extraordinaires qui lui étaient arrivées pendant son voyage. Il
lui demanda ensuite s'il ne se sentait coupable d'aucun
secret péché qui eût pu le soumettre pour un certain

15.

temps au pouvoir du malin esprit, et le sous-prieur convint qu'il pouvait avoir mérité un tel châtiment pour avoir jugé avec une rigueur peu fraternelle la conduite du père sacristain.

—Le ciel, dit le pénitent, a peut-être voulu me convaincre qu'il peut à volonté, non-seulement ouvrir une communication entre nous et des êtres d'une nature différente de la nôtre, et que nous appelons surnaturels, mais encore nous punir de l'orgueil avec lequel nous nous attribuons un courage, une sagesse et des connaissances supérieures à celles des autres.

On a raison de dire que la vertu trouve sa récompense en elle-même, et je doute qu'un devoir complètement rempli ait jamais été mieux récompensé qu'il ne le fut dans le cas dont il s'agit. L'abbé avait écouté presque malgré lui la confession du sous-prieur ; mais entendre l'homme qui était l'objet, dirai-je de sa crainte ou de son envie, peut-être de toutes deux, s'accuser lui-même à ses pieds de la faute qu'il lui avait tacitement reprochée, c'était une satisfaction pour son orgueil, un triomphe pour son jugement. L'espèce de crainte que lui inspirait le père Eustache disparut de son cœur en ce moment, et n'y laissa plus que la bonté qui lui était naturelle. Bien loin de vouloir profiter de cette découverte pour tyranniser le sous-prieur, l'exhortation qu'il lui adressa n'exprima qu'un mélange assez comique des sentimens que lui inspiraient sa vanité satisfaite d'une part, et de l'autre le désir qu'il avait de ne pas blesser la sensibilité de son pénitent.

—Mon frère, lui dit-il *ex cathedrá*, vous êtes trop judicieux pour ne pas avoir remarqué qu'en plus d'une occasion nous avons sacrifié notre opinion à la vôtre, même dans les affaires les plus intéressantes pour la communauté. Ne croyez pourtant pas que nous ayons agi ainsi parce que nous nous considérons comme le dernier de la communauté en esprit ou en jugement; notre motif était le désir d'inspirer à nos jeunes frères ce courage qui est nécessaire pour énoncer librement son opinion. Nous avons quelquefois renoncé à la nôtre, afin d'encourager nos inférieurs, et surtout notre cher frère le sous-prieur, à nous donner leurs avis avec franchise. Peut-être cette déférence, cette humilité de notre part ont-elles malheureusement contribué à vous faire concevoir une idée trop relevée de vos talens, de vos moyens et de vos connaissances, ce qui a pu vous rendre le jouet du malin esprit, en lui donnant prise sur vous; car il est bien certain que le ciel ne nous estime qu'en proportion de notre humilité. Peut-être ai-je moi-même à me reprocher d'avoir dérogé à la dignité de la place à laquelle la Providence m'a appelé, en me laissant trop souvent diriger et conduire par la voix d'un inférieur. Il faut donc à l'avenir, mon cher frère, que nous évitions tous deux de retomber dans la même faute, ce que nous ferions, vous, en attribuant trop d'importance à vos connaissances temporelles, moi, en dérogeant à ma dignité spirituelle. Ce n'est pas que nous voulions perdre les avantages que nous avons souvent trouvés et que nous trouverons encore dans vos sages conseils; mais nous les prendrons dans des entretiens particuliers, et, si nous croyons devoir nous y rendre, nous en soumettrons le résultat au chapitre comme émanant directement de nous-même. Par ce moyen, nous vous éviterons cette apparence de victoire qui est une si puissante tentation à l'orgueil; et nous ne tomberons pas nous-même dans cet excès de modestie, qui peut diminuer l'importance de notre place aux yeux de la communauté que nous présidons.

Quelque respect qu'eût le père Eustache pour le sacrement de la pénitence, il aurait pu être exposé en ce moment à la tentation de sourire en entendant son supérieur lui détailler avec une adroite simplicité le plan qu'il formait pour continuer à profiter des lumières et de l'expérience du sous-prieur en s'en réservant tout l'honneur; mais sa conscience lui dit que le révérend abbé avait raison.

— J'aurais dû, pensa-t-il, songer moins à l'individu et davantage à la place qu'il occupe, couvrir de mon manteau la nudité de mon père spirituel, chercher à le rendre respectable aux yeux de nos frères, afin qu'il pût leur être plus utile. L'abbé ne peut être humilié sans que la communauté partage son humiliation.

Le père Eustache reconnut donc humblement la justesse de tout ce que l'abbé venait de lui dire, et protesta qu'il se ferait toujours un devoir de lui donner son opinion quand il la lui demanderait. Il le remercia du soin qu'il voulait prendre d'écarter de lui toute tentation d'orgueil et de vanité : il le pria ensuite de lui infliger la pénitence qu'il jugerait convenable, en lui disant qu'il s'était lui-même imposé celle de jeûner toute la journée.

— Et c'est précisément ce dont je vous blâme, dit l'abbé, bien loin de lui faire un mérite de son abstinence. Ces jeûnes ne tendent qu'à faire monter de l'estomac au cerveau des vapeurs qui n'y engendrent que vanité, et qui nous remplissent de vaine gloire et d'or-

gueil. Il est convenable, il est juste que les novices se
livrent aux veilles et aux jeûnes, parce que ces austérités
chassent loin d'eux les mauvaises pensées et les idées char-
nelles ; mais, quant à ceux qui sont morts au monde,
comme vous et moi, mon cher frère, c'est une œuvre
de surérogation qui ne produit qu'un orgueil spirituel.
Je vous enjoins donc de vous rendre à l'office, et d'y
faire un souper raisonnable, en l'arrosant de bon vin ;
et, comme l'opinion que vous aviez de votre propre
sagesse vous a quelquefois porté à trop mépriser ceux
de nos frères moins versés dans les sciences mondaines,
je vous enjoins encore de faire ce repas en compagnie
de notre révérend frère Nicolas, et d'écouter pendant
une heure, sans impatience et sans l'interrompre, le
récit qu'il pourra vous faire des événemens qui ont eu
lieu du temps de notre vénérable prédécesseur, l'abbé
Ingilram, de l'ame duquel Dieu puisse avoir pitié !
Quant aux exercices pieux auxquels vous pourrez vous
livrer en expiation des fautes dont vous venez de nous
faire l'aveu avec contrition et humilité, nous y réflé-
chirons cette nuit, et nous vous annoncerons notre volonté demain matin.

Il est à remarquer que depuis cette soirée mémo-
rable le digne abbé regarda son conseiller d'un œil plus
favorable, conçut pour lui des dispositions plus ami-
cales que lorsqu'il le considérait comme un homme im-
peccable et infaillible, dans la vertu duquel on ne pouvait discerner la plus faible tache. Il semblait que l'aveu
de ses imperfections avait valu au père Eustache toute
l'affection de son supérieur. Il faut pourtant convenir
que cet accroissement de bienveillance était accompagné de circonstances qui, pour une ame aussi élevée

que celle du sous-prieur, devaient être plus pénibles à supporter que les plus longues narrations du verbeux et ennuyeux père Nicolas. Par exemple, il ne parlait guère de lui à un de ses moines, qu'en disant, — Notre cher frère Eustache, le pauvre homme!— et lorsqu'il exhortait les jeunes frères à se méfier des pièges que Satan ne manque jamais de tendre à ceux qui se croient plus vertueux que les autres, il avait soin de choisir ses expressions de manière que, sans qu'il désignât expressément le sous-prieur, chacun pût le considérer comme un de ces justes qui avaient une fois succombé à la tentation. Il fallait, en ces occasions, que le père Eustache réunît en lui la soumission d'un moine, la philosophie d'un stoïcien, la patience et l'humilité d'un chrétien, pour endurer le ton de compassion et de protection de son supérieur. Il en résulta qu'il mena une vie plus retirée, qu'il se mêla moins des affaires de la communauté, et que, lorsque l'abbé lui demandait son avis, il ne le lui donnait plus avec cet air d'autorité marquée qu'il avait pris jusqu'alors.

CHAPITRE XI.

« Vous appelez cela de l'ordre , dites-vous !
» C'est un troupeau de bœufs marchant à l'aventure ,
» Devant un conducteur qui force leur allure.
» Les premiers , moins pressés , s'arrêtant à leur gré ,
» Peuvent tondre en passant quelque peu sur le pré ;
» Mais les pauvres traîneurs , les boiteux de la troupe ,
» Sentent Martin-bâton leur caresser la croupe. »

Ancienne comédie.

Deux ou trois ans se passèrent , et pendant ce temps la tempête qui menaçait d'amener un changement total dans le gouvernement de l'Église s'approchait de plus en plus , et redoublait de violence. D'après les circonstances rapportées à la fin du chapitre précédent , le sous-prieur avait totalement changé sa manière de vivre. En toute occasion il donnait son avis , quand on le lui demandait , soit à l'abbé en particulier , soit au chapitre , sur les affaires de la communauté , qui continuait à profiter ainsi de ses lumières et de son expérience ; mais il n'était pas le premier à l'offrir comme autrefois, et il semblait vivre davantage pour lui-même.

Il s'absentait quelquefois du couvent pendant des journées entières, et l'aventure qui lui était arrivée près de Glendearg ayant fait sur son esprit une forte impression, il retourna souvent à la tour, et finit par prendre un vif intérêt aux enfans qui l'habitaient. Il était d'ailleurs curieux de savoir si le livre qu'il avait perdu, lorsque lui-même avait été si merveilleusement sauvé de la lance d'un assassin, y était encore retourné.

— Il est bien étonnant qu'un esprit, pensait-il, car il ne pouvait considérer sous un autre point de vue la voix qui lui avait parlé, prenne tant d'intérêt d'un côté pour faciliter les progrès de l'hérésie, et de l'autre pour sauver la vie d'un prêtre catholique !

Mais toutes les enquêtes qu'il fit à plusieurs reprises furent inutiles, et il fut obligé de croire qu'aucune traduction des saintes Écritures en langue vulgaire n'avait reparu à la tour de Glendearg.

Cependant les visites du bon père ne furent pas sans utilité pour Édouard Glendinning et pour Marie Avenel. Le premier avait des dispositions étonnantes pour apprendre, et retenait invariablement ce qu'il avait une fois appris. Il joignait l'amour du travail à l'esprit naturel, l'exactitude à la vivacité ; qualités qui ne se trouvent réunies que dans un petit nombre d'êtres privilégiés.

Le père Eustache désirait bien vivement que les talens précoces que chaque jour développait davantage dans son jeune élève fussent consacrés au service de l'Église, et il croyait que le jeune homme y consentirait volontiers, car il le voyait d'un caractère doux, calme, réfléchi, et semblant regarder la science comme le principal objet et le plus grand plaisir de la vie. Quant à sa mère, le sous-prieur ne doutait pas qu'habituée à regarder avec respect les moines de Sainte-Marie elle ne se trouvât trop heureuse de placer un de ses fils dans cette sainte communauté. Mais le bon père se trompait sur ces deux points.

Quand il parlait à Elspeth Glendinning de ce qui flatte le plus l'oreille d'une mère, des talens et des progrès de son fils, elle l'écoutait avec délices. Mais quand il lui faisait entendre que c'était un devoir de consacrer au service de l'Église des qualités qui semblaient faites pour en être l'ornement et en prendre la défense, dame Glendinning tâchait toujours de détourner la conversation, et si elle se trouvait serrée de trop près, elle appuyait sur l'impossibilité où était une veuve de faire valoir elle seule le fief que le couvent avait accordé à son mari, sur les vexations qu'elle pourrait éprouver de la part de ses voisins; enfin sur le désir qu'elle avait qu'Édouard restât à la tour, remplît la place de son père, et lui fermât un jour les yeux.

Le sous-prieur lui répondait alors que, même sous un point de vue mondain, il était de l'intérêt de sa famille qu'elle fît entrer un de ses fils dans le monastère de Sainte-Marie, puisqu'il aurait par là plus de moyens pour la protéger efficacement, et qu'il n'était pas à présumer qu'il y manquât. Pouvait-elle avoir un plus grand plaisir que de voir son fils avancer dans la route des honneurs ecclésiastiques? Ne serait-ce pas pour elle une consolation au lit de mort, que de savoir que les derniers devoirs lui seraient rendus par un fils respecté pour la sainteté de sa vie et la régularité de ses mœurs?

Il s'efforçait ensuite de lui démontrer que son fils aîné, Halbert, dont le caractère plus ardent et plus décidé ne lui permettait pas de donner à l'étude beaucoup de temps ni d'application, n'en était pas moins propre à conduire convenablement toutes les affaires du fief.

Elspeth n'osait prononcer un refus direct et positif, car elle craignait toujours de déplaire au sous-prieur, mais jamais elle ne manquait d'objections à lui opposer. Halbert, disait-elle, ne ressemblait à aucun des enfans de ses voisins. Il était plus grand de toute la tête, et deux fois plus robuste que tous les jeunes gens de son âge. Mais il n'était pas propre à mener une vie paisible et retirée. Il était bien vrai qu'il n'aimait guère les livres, mais il aimait encore moins la herse et la charrue. Il avait nettoyé la rouille de la vieille épée de son père, l'avait attachée à un ceinturon, et sortait rarement sans l'avoir à son côté. Il était doux et tranquille quand tout allait à son gré; mais, le contrariait-on, c'était un diable incarné. — En un mot, révérend père, disait-elle en fondant en larmes, si vous me privez d'Édouard, c'est retirer le seul soutien de ma maison, car j'ai un pressentiment qu'Halbert prendra le métier de son père, et que j'aurai le chagrin de le perdre comme lui.

Le bon sous-prieur parlait alors d'autre chose, et se flattait que le temps pourrait dissiper ce qu'il appelait les préjugés d'une bonne mère.

Mais si, laissant la mère, le père Eustache s'adressait au fils, et cherchait à l'animer d'une nouvelle ardeur pour ses études, en lui faisant sentir combien elles seraient utiles à son avancement s'il consentait à prendre les ordres sacrés, il trouvait en lui la même répugnance qu'en sa mère. Édouard alléguait un manque de voca-

tion suffisante pour une telle profession, une répugnance invincible à quitter sa mère, et d'autres objections que le sous-prieur regardait comme évasives.

— Je vois clairement, lui dit-il un jour, que l'enfer
a ses agens comme le ciel, et qu'ils sont, hélas! les plus
actifs à exécuter les ordres de leur maître, et à lui trouver des serviteurs. J'espère, jeune homme, que ce n'est
ni la paresse, ni l'attrait des plaisirs licencieux, ni
l'amour d'un gain sordide, ni la soif des grandeurs humaines qui vous détournent d'entrer dans la carrière
que je désire vous ouvrir; mais j'espère surtout que le
désir d'obtenir des connaissances supérieures, tentation à laquelle sont fréquemment exposés ceux qui ont
fait quelques progrès dans les sciences, ne vous a pas
entraîné dans le danger d'écouter les pernicieuses doctrines qu'on prêche aujourd'hui relativement à la religion. J'aimerais mieux vous savoir aussi ignorant que
les animaux qui périssent tout entiers, que de vous voir
ouvrir l'oreille à la voix des hérétiques.

Édouard Glendinning écouta cette réprimande les
yeux baissés, et ne manqua pas ensuite d'assurer bien
positivement son digne instituteur qu'il n'avait jamais
dirigé ses études sur des sujets interdits par l'Église. Le
père Eustache fut donc réduit à former de vaines conjectures sur la cause véritable de sa répugnance pour
l'état monastique.

Un vieux proverbe employé par Chaucer, et cité par
Élisabeth, dit :

The greatest clerks are not the wisest men.

Les plus grands clercs ne sont pas les plus sages.

et il est aussi vrai que si un poète ne l'eût pas mis en

vers, et qu'une reine n'en eût jamais parlé. Si l'esprit
du sous-prieur eût été un peu moins occupé des progrès
de l'hérésie, et un peu plus de ce qui se passait dans la
tour de Glendearg, il aurait lu dans les yeux expressifs
de Marie Avenel la cause du peu de vocation qu'avait
son jeune compagnon pour la cléricature. Elle avait
alors quatorze à quinze ans; et, comme nous l'avons déjà
dit, elle avait aussi profité des leçons du bon père, à qui
son air d'innocence et sa beauté enfantine inspiraient
un double intérêt. Son rang et les espérances de fortune
qu'elle avait, lui donnaient le droit d'être initiée dans
l'art de lire et d'écrire; et comme elle faisait des progrès
un peu moins rapides qu'Édouard, celui-ci lui servait
en quelque sorte de répétiteur, et lui expliquait chaque
leçon de leur instituteur commun, une seconde, une
troisième fois, et jusqu'à ce qu'elle l'eût parfaitement
comprise et retenue.

Halbert avait commencé par être leur compagnon
d'études; mais son caractère vif et bouillant ne put
adopter long-temps une occupation dans laquelle on ne
pouvait faire de progrès sans une attention et une assi-
duité soutenues. Le sous-prieur faisait ses visites à des
intervalles irréguliers; il était quelquefois une semaine
entière sans paraître à la tour, et Halbert, qui ne tra-
vaillait presque jamais qu'en sa présence, non-seulement n'apprenait rien pendant cet espace de temps,
mais oubliait une bonne partie de ce qu'il avait déjà
appris. Quand le père arrivait, il était mécontent de
se trouver moins avancé que les autres; mais ce désagrément ne l'empêchait pas de persister dans la même
conduite.

Pendant un certain temps, de même que tous les

amis de la paresse, il ne se contentait pas de ne pas
travailler lui-même, mais il cherchait encore à interrompre le travail des autres, en tâchant de les en distraire.

— Édouard, disait-il un jour à son frère, depêchez-
vous, prenez votre toque, le laird de Colmslie est au
bout de la vallée avec ses chiens.

— Peu m'importe, Halbert, répondit Édouard : ses
chiens peuvent forcer un daim sans que j'y sois, et il
faut que j'aide Marie à apprendre sa leçon.

— Oui, répliquait Halbert, travaillez comme un
moine, jusqu'à ce que vous soyez moine vous-même.

Une autre fois c'était Marie qu'il cherchait à détourner de l'étude.

— Voulez-vous venir avec moi? lui demandait-il un
jour : je vous montrerai le nid de tourterelles dont je
vous ai parlé.

— Il faut que j'étudie ma leçon, Halbert, lui répondait Marie : il me faudra long-temps pour l'apprendre;
je n'apprends pas aussi facilement qu'Édouard, et j'en
suis bien fâchée, car j'aurais été charmée d'aller voir
ce nid avec vous.

— Vraiment? dit Halbert avec vivacité : eh bien, je
vous attendrai; et, qui plus est, je tâcherai aussi d'apprendre ma leçon.

Il prit son livre d'un air gai, et ne put cependant
retenir un soupir en cherchant à graver dans sa mémoire la tâche qui lui avait été assignée. Comme s'il
eût été banni de la société des deux autres, il s'assit
solitairement près d'une fenêtre; et, après avoir bâillé
cinq à six fois à la première lecture de sa leçon, il re-
nonça à un travail si fatigant, et se trouva occupé pres-

que involontairement à examiner son frère et sa jeune amie.

Le tableau qu'il avait sous les yeux était enchanteur en lui-même; mais, quelle qu'en fût la cause, il n'y trouvait guère de plaisir. La jeune et charmante fille, avec des regards pleins d'ardeur, d'innocence et de simplicité, tantôt cherchait à comprendre elle-même ce qui pouvait l'embarrasser, tantôt s'adressait à Édouard pour en obtenir les explications qui lui étaient nécessaires; et celui-ci, assis à son côté, les yeux fixés sur elle, semblait enchanté de pouvoir écarter les obstacles qui s'opposaient à ses progrès, et fier de se trouver en état de lui donner quelque assistance. Il existait entre eux un lien bien fort, bien intéressant, le désir de savoir et de surmonter les difficultés de l'étude.

En proie à un sentiment pénible, et ne connaissant encore ni la source ni la nature de son émotion, Halbert ne put endurer plus long-temps la vue de cette scène paisible. Se levant tout à coup, et jetant avec force son livre par terre, il s'écria : — Au diable tous les livres, et les songes-creux qui les ont faits! je voudrais qu'une vingtaine d'Anglais vinssent dans la vallée: on verrait à quoi servent toutes ces écritures!

Marie et Édouard tressaillirent, et le regardèrent avec surprise.

— Oui, Marie, continua-t-il d'un ton animé, tandis que quelques larmes roulaient dans ses yeux malgré lui, je voudrais qu'une vingtaine d'Anglais arrivassent aujourd'hui dans la vallée, et vous verriez qu'un bon bras et une bonne épée sont une protection plus sûre que tous les livres qu'on a jamais ouverts, et toutes les plumes qu'on a jamais arrachées de l'aile d'une oie.

Marie fut presque effrayée de la véhémence avec laquelle il s'exprimait. — Vous êtes mécontent, Halbert, lui dit-elle d'un ton affectueux, de ne pas pouvoir apprendre votre leçon aussi vite qu'Édouard; mais il en est de même pour moi, car je n'ai pas plus de facilité que vous. Venez ici: Édouard se placera entre nous deux, et nous apprendra notre leçon.

— Il ne m'apprendra rien, s'écria Halbert avec colère: il ne veut pas apprendre de moi ce qui est honorable, ce qui convient à un homme, je ne veux pas apprendre de lui la science de ses moines. Je déteste les moines avec leur ton nasillard et leurs longues robes noires qu'on prendrait pour des jupons, et leurs révérences, et leurs seigneuries, et leurs paresseux de vassaux qui ne sont bons qu'à conduire la charrue et à traîner la herse d'un bout de l'année à l'autre. Je ne donnerai jamais le nom de seigneur qu'à celui qui porte une épée pour défendre ce titre; et je ne regarde comme homme que celui qui sait se comporter en homme.

— Pour l'amour du ciel, mon frère, dit Édouard, ne parlez pas ainsi! si de telles paroles étaient entendues et rapportées, elles causeraient la ruine de notre mère.

— Eh bien, rapportez-les vous-même; elles feront votre profit et ne feront tort qu'à moi. Allez dire à vos moines qu'Halbert Glendinning ne sera jamais le vassal d'un froc et d'une tête tondue, tandis que vingt barons qui portent le casque et le plumet ont besoin de soldats. Qu'ils vous accordent ce misérable fief que je méprise, et puisse-t-il vous rapporter beaucoup d'avoine pour faire votre *brochan* (1).

(1) Espèce de bouillie faite avec de la farine d'avoine, du beurre et du miel. — Éd.

A ces mots il quitta la chambre précipitamment; mais il y rentra au même instant, et continua à parler avec le même ton d'emportement et de vivacité.

—Mais qu'aucun de vous, et surtout Édouard, ne soit si fier de savoir lire dans ce livre de parchemin! sur mon ame, quand je le voudrai, je saurai lire aussi bien que vous. Je connais un meilleur maître que votre vieux moine, et un meilleur livre que son bréviaire; et puisque vous aimez tant la science, Marie Avenel, vous verrez qui en aura le plus d'Édouard ou de moi. Il sortit une seconde fois de la chambre, et n'y reparut plus.

—Que peut-il donc avoir? dit Marie en le suivant des yeux d'une fenêtre, et en le voyant s'avancer à pas précipités dans la petite vallée. Où peut aller votre frère, Édouard? de quel maître, de quel livre vient-il de nous parler?

—Comment pourrais-je le deviner? répondit Édouard: Halbert a de l'humeur, je ne sais pourquoi; et peut-être ne le sait-il pas lui-même. Quand il sera las de courir les montagnes, suivant sa coutume, il reviendra au logis : occupons-nous de notre leçon.

Mais l'inquiétude que causait à Marie la conduite d'Halbert était plus fortement enracinée : elle refusa de continuer à travailler, sous prétexte d'un mal de tête qui lui était survenu, et Édouard ne put réussir à la déterminer à se remettre à l'étude de toute la matinée.

Cependant Halbert, la tête nue, les traits enflés de colère, et la larme encore à l'œil, parcourait la petite vallée de Glendearg avec la rapidité d'un daim; passant par les endroits les plus sauvages, par les sentiers les plus périlleux, n'étant arrêté par aucun obstacle; s'exposant à des périls imminents qu'il aurait pu éviter par un léger détour, et semblant n'avoir en vue que d'arriver plus promptement à son but en suivant une ligne aussi droite que si elle eût été tracée par le vol d'une flèche.

Il arriva enfin près d'un ravin étroit, mais profond, situé dans un endroit écarté, et où coulait un faible ruisseau qui versait ses eaux dans la rivière de la vallée de Glendearg. Il le remonta avec la même précipitation qui avait marqué tous ses pas depuis son départ de la tour, sans se donner le temps de porter les yeux autour de lui, et il ne s'arrêta que lorsqu'il fut arrivé près de la source du ruisseau dont il venait de suivre le cours.

Là il jeta un regard sombre et presque effrayé sur les objets qui l'entouraient. En face s'élevait un immense rocher; dans une crevasse un vieux houx étendait sur la fontaine ses branches vertes, et la couvrait presque en entier. Les montagnes des deux côtés étaient si élevées et si voisines les unes des autres que ce n'était qu'à l'heure de midi, et pendant le solstice d'été, que les rayons du soleil pouvaient pénétrer dans cet endroit désert et sauvage. Mais on était alors à cette époque de l'année, il était justement midi, et l'image brillante de cet astre se réfléchissait sur le cristal limpide.

— C'est l'heure, c'est le moment, dit Halbert, et je puis maintenant... oui, je puis devenir plus savant qu'Édouard, malgré toute la peine qu'il se donne. Marie verra s'il est le seul qu'elle puisse consulter, si lui seul a le droit d'être assis à son côté, de se pencher sur elle quand elle lit, de lui montrer chaque mot et chaque lettre. Du reste, elle me préfère à lui, j'en suis sûr; sortie d'un sang noble, elle doit mépriser l'indolence et la lâcheté. Mais, moi-même, ne suis-je pas ici aussi indolent et aussi lâche qu'un moine? Pourquoi craindrais-je d'évoquer cet esprit, cette ombre, cet être qui m'est inconnu? Je me suis déjà trouvé en sa présence; quel mal m'en est-il arrivé? manqué-je de courage, de résolution? n'ai-je pas à mon côté le sabre de mon père? mon cœur bat-il, mes cheveux se dressent-ils sur ma tête à l'idée d'évoquer un être sans doute aérien? Et comment ferais-je donc face à une troupe d'Anglais de chair et d'os? Par l'ame du premier des Glendinning! je ferai l'essai du charme! je l'ai trop souvent répété pour l'avoir oublié.

Il mit à nu sa jambe droite, la porta en avant, tira son épée, et, ayant regardé autour de lui comme pour s'armer de résolution, il salua trois fois successivement le vieux houx et la petite fontaine, et prononça d'une voix ferme les vers suivans :

> Dame blanche d'Avenel,
> Votre promesse m'amène :
> Répondez à mon appel,
> Dame blanche d'Avenel.
> Le soleil du haut du ciel
> Brille sur votre fontaine.
> Dame blanche d'Avenel,
> Votre promesse m'amène.

A peine avait-il fini cette invocation, qu'une femme vêtue d'une robe blanche parut à trois pas de lui.

> Pour moi j'aurais eu peur, franchement je l'avoue,
> D'apercevoir à quelques pas
> Une dame avec tant d'appas (1).

(1) *Christobel*, par Coleridge. — ÉD.

CHAPITRE XII.

―――――

« Aux préjugés en vain vous déclarez la guerre,
« Ce conte me séduit, et mon erreur m'est chère
« La source dont j'entends le murmure si doux,
« Et dont l'onde embellit le vallon solitaire,
« A des êtres plus purs et plus puissans que nous
« Est bien digne d'offrir un abri tutélaire. »

Ancienne comédie.

La vue d'une belle femme, vêtue d'une robe blanche, n'avait rien de bien effrayant en soi; mais cependant son apparition soudaine, à la suite d'une conjuration, causa d'abord à Halbert Glendinning une terreur qui l'emporta sur le courage qui lui était naturel, et qui lui fit oublier la résolution qu'il avait formée de ne pas se laisser effrayer par la présence de l'être surnaturel qu'il voyait pour la seconde fois. Il gardait le silence, pouvait à peine respirer; ses cheveux étaient dressés sur sa tête ; ses yeux étaient fixes, sa bouche ouverte, et il restait immobile dans l'attitude qu'il avait prise pour prononcer les vers rapportés à la fin du chapitre précédent.

Enfin la Dame Blanche, car tel est le nom que nous donnerons à cet être, prononça, ou pour mieux dire chanta les vers suivans, d'une voix pleine d'une douceur ineffable :

> Pourquoi m'appelles-tu, jeune homme ? réponds-moi :
> Quel motif en ces lieux te conduit ? et pourquoi,
> Si tu voulais me voir, trembler en ma présence !
> Tout commerce avec nous veut courage et constance.
> Nous méprisons le lâche, il ne reçoit de nous
> Que reproches amers et marques de courroux.
> Parle, le temps est cher, il fuit avec vitesse ;
> Un nuage m'attend pour me conduire en Grèce.

Halbert commençait alors à se remettre de sa frayeur, et il retrouva assez de résolution pour lui dire, quoique d'une voix tremblante : — Au nom du Dieu vivant, qui êtes-vous ? La Dame Blanche répondit :

> Ce que je suis, je ne puis te le dire :
> Ce que je suis, tu ne peux le savoir.
> J'ai le pouvoir d'être utile et de nuire ;
> De faire naître ou d'éteindre l'espoir.
> Suis-je un corps ? non. Une ombre ? moins encore.
> Je suis la fleur qui pare le coteau,
> Le vent qui gronde et le feu qui dévore,
> La bulle d'air qui s'élève à fleur d'eau.
> Êtres légers, bizarres que nous sommes,
> Nous imitons les passions des hommes ;
> Et cependant que sont-elles pour nous ?
> Ce qu'est pour toi l'image fugitive
> Que ce cristal t'offre sur cette rive.
> Si nous vivons dix fois autant que vous,
> Heureux mortels, n'en soyez point jaloux.

Un long sommeil met fin à notre empire,
Et d'un réveil nous n'avons nul espoir.
Mais voilà tout ce que je puis te dire,
Et voilà tout ce que tu peux savoir.

La Dame Blanche cessa de parler, et semblait attendre une réponse; mais comme Halbert hésitait encore sur la manière dont il lui adresserait la parole, la vision devint moins distincte, et commençait comme à s'effacer. Présumant que c'était un signe qu'elle allait disparaître, Halbert se hâta de lui dire : — Dame Blanche, lorsque je vous vis dans la vallée, et que vous me remîtes le livre noir de lady Avenel, vous me dîtes qu'un jour viendrait où je le lirais.

La Dame Blanche lui répondit :

Oui, ce fut là que je t'appris moi-même
Le charme tout-puissant, les mots mystérieux
Dont le pouvoir suprême
Me force à paraître en ces lieux,
Tu m'oublias pourtant, et ta folle jeunesse,
Cherchant d'autres plaisirs,
A la lance homicide, à la chasse traîtresse,
Consacra ses loisirs.
L'ambition, maîtresse de ton ame,
Seule y put jusqu'ici faire naître un désir.
Le livre noir, la blanche dame
Sortirent de tou souvenir.

-— Oh! je ne serai plus le même, aimable vierge, dit Halbert; je désire m'instruire, et tu me promis de m'aider dans ce désir, si je le formais jamais; je ne suis plus effrayé de ta présence, et je ne suis plus insouciant.

Pendant qu'il parlait ainsi, la vierge mystérieuse devenait plus distincte, et ce qui n'était naguère qu'une ombre presque sans couleur, reprenait l'aspect d'une

17

substance corporelle, quoique les traits de son visage eussent quelque chose de plus vague que ceux d'un habitant ordinaire de la terre. Tel parut du moins cet être extraordinaire à Halbert, qui lui dit : — M'accorderez-vous ma demande, et me confierez-vous le livre saint dont Marie a si souvent pleuré la perte?

La Dame Blanche répliqua en ces termes :

> Ta frayeur m'offensait ; ta paresse est honteuse.
> Quiconque arrive au port après trop de délais,
> Doit en forcer l'entrée ou n'y dormir jamais.
> Un astre te couvrait d'une influence heureuse ;
> Ses rayons languissans sont prêts à s'éclipser :
> Courage, fermeté, valeur aventureuse,
> A luire encor pour toi peuvent seuls le forcer.

— Si j'ai marché trop lentement jusqu'ici, dit Halbert, vous me verrez marcher désormais avec d'autant plus d'ardeur. D'autres pensées ont occupé mon ame, mais, de par le ciel! elles céderont la place à de nouveaux objets : ce seul jour me vaut des années. Je suis arrivé ici enfant, j'en partirai homme fait, homme en état de converser non-seulement avec son espèce, mais avec tous les êtres à qui Dieu permet de se rendre visibles à nos yeux. J'apprendrai ce que contient ce volume mystérieux; je saurai pourquoi lady Avenel y mettait tant de prix, pourquoi les prêtres ont deux fois voulu le dérober, pourquoi deux fois vous l'avez tiré de leurs mains. Dites-moi quel est ce livre et le mot qui y est attaché, je vous en conjure.

La Dame Blanche prit un air sérieux et solennel, et lui répondit en inclinant la tête, et croisant les bras sur son sein :

> C'est un redoutable mystère !
> Trop heureux les mortels auxquels il est permis

D'y puiser crainte, amour, espérance et prière :
Mais malheur à celui qui dans ces saints écrits
Puise le doute ou le mépris!

— Donnez-moi ce livre, Dame Blanche, dit le jeune
Glendinning. On dit que je n'ai ni facilité ni amour du
travail, mais, avec le secours de Dieu, j'aurai assez
d'intelligence pour le comprendre. Donnez-moi ce
livre.

La Dame Blanche lui répliqua encore :

Parmi des feux aériens,
Dans les entrailles de la terre,
J'ai déposé ce livre salutaire,
Source unique de tous les biens,
Que tout respecte dans sa sphère.
Excepté l'homme, auquel il fut donné.
Prends ma main ; et tes yeux, s'ouvrant à la lumière,
Verront ce qu'un mortel n'a jamais soupçonné.

Halbert obéit, mais sa main trembla en sentant que
celle de la Dame Blanche était froide comme le marbre.
Elle s'en aperçut, et s'écria :

Craindrais-tu de me suivre ? Il en est temps encor.
Retourne sur tes pas : abandonne un trésor ;
Vis dans l'obscurité comme dans l'ignorance ;
Mais ne souille jamais ces lieux par ta présence !

— Je ne crains rien, répliqua l'intrépide jeune homme.
Aucune puissance naturelle ou surnaturelle ne m'em-
pêchera jamais de parcourir à mon gré la vallée où j'ai
reçu le jour ; je suis prêt à vous suivre.

A peine avait-il prononcé ces mots, que la terre céda
sous leurs pieds, et ils descendirent pendant quelques
instans avec une rapidité qui glaça tous les sens d'Hal-

bert, et qui lui coupa la respiration. Ils s'arrêtèrent enfin tout d'un coup, et le corps fragile du voyageur mortel n'aurait pu résister à un pareil choc, s'il n'eût été soutenu par sa compagne.

Portant ses regards autour de lui, le jeune Glendinning se vit dans une grotte immense, tapissée de toutes parts de spath et des cristaux les plus brillans, qui réfléchissaient, sous toutes les couleurs du prisme, la lumière d'une flamme brillante partant d'un autel d'albâtre. Cet autel était le point central de la grotte, qui était de forme ronde, et dont le haut ressemblait en quelque sorte au dôme d'une cathédrale. La flamme ne restait pas toujours la même; tantôt elle s'élevait en colonne dorée, presque jusqu'au sommet de la voûte, tantôt ses gerbes, d'une nuance plus douce, semblaient planer sur l'autel et y recueillir des forces pour lancer de nouveaux jets de feu. Elle n'était pourtant entretenue par aucun aliment visible, et elle ne produisait ni fumée, ni vapeur d'aucune espèce.

Ce qui était le plus remarquable, c'est que le livre noir, dont il a été si souvent parlé, était placé sur l'autel au milieu de cette colonne de flamme qui paraissait avoir assez de force pour fondre le diamant, et qu'il n'était ni consumé ni même attaqué par le feu.

La Dame Blanche ayant laissé au jeune Glendinning le temps de considérer tout ce qui l'entourait, lui adressa de nouveau la parole.

> Le livre saint que tu désires
> Est maintenant devant tes yeux;
> Il est à toi si tu le tires
> Hors de ce brasier merveilleux.

Commençant à se familiariser avec les merveilles, et

honteux de paraître manquer de courage, Halbert
n'hésita pas un instant, et comptant sur la rapidité de
son geste, il avança les mains à travers les flammes;
mais il n'eut pas le temps de s'emparer du livre. Le feu
prit à la manche de son habit, et son bras fut si cruel-
lement brûlé, que peu s'en fallut que la douleur ne lui
arrachât un cri. Il se contint pourtant: un soupir
étouffé et l'altération de ses traits annoncèrent seuls
ses souffrances. La Dame Blanche, en prononçant les
paroles suivantes, lui passa sur le bras sa main froide,
et sa douleur s'évanouit sur-le-champ, ainsi que toute
trace de brûlure :

> Croyais-tu, jeune téméraire,
> Que le feu dévorant, brûlant sur cet autel,
> Respecterait l'ouvrage d'un mortel ?
> Il réduirait l'airain même en poussière,
> Fondrait l'or et le diamant.
> Qui veut braver cet élément
> Doit réunir audace circonspecte,
> Prudence sans timidité ;
> Car cette flamme ne respecte
> Que confiance et vérité.

Halbert fut un instant embarrassé. — Ce livre, pensa-t-il, reste intact au milieu des flammes: c'est sans
doute parce qu'il contient la vérité. Mon bras couvert
de ma manche a été brûlé, et ma main nue n'a éprouvé
aucun mal : c'est probablement parce qu'elle a eu confiance dans ces flammes sacrées. Je tenterai l'aventure
une seconde fois.

A ces mots, il avança hardiment son bras au milieu
des flammes, et en retira le saint livre sans éprouver
l'action du feu, sans même sentir aucune chaleur.
Étonné et presque effrayé de son succès, il vit au même

instant un jet de flamme partir de l'autel, s'élancer jusqu'à la voûte en répandant plus d'éclat que jamais, et s'éteignant tout à coup le laisser dans une obscurité profonde. Dans le même moment, il sentit la main froide de sa conductrice saisir la sienne, et ils remontèrent avec la même rapidité qu'ils étaient descendus.

Quand ils sortirent des entrailles de la terre, ils se trouvèrent au même lieu d'où ils étaient partis, c'est-à-dire sur le bord de la petite fontaine, dans l'endroit sauvage nommé *Corrie nan Shian*. Mais en jetant les yeux autour de lui, Halbert vit avec surprise que le soleil descendait rapidement vers le couchant, et que le jour touchait à sa fin. Il allait demander l'explication de ce mystère à sa conductrice, avec laquelle il croyait n'avoir passé tout au plus qu'une heure, mais elle commençait à s'évanouir à ses yeux : son visage devenait plus pâle, ses traits moins distincts, ce n'était plus qu'un fantôme vaporeux qui se confondait avec le brouillard. Cette même forme qui rassemblait, quelques instans auparavant, tout ce qui constitue la beauté dans une femme, ne paraissait plus que l'ombre pâle d'une fille morte d'amour, apparaissant au clair de la lune à son infidèle amant pour l'accabler de reproches.

— Attendez, Dame Blanche, s'écria le jeune homme enhardi par le succès qu'il avait obtenu dans la grotte souterraine : vous ne pouvez me laisser comme un homme chargé d'une arme dont il ne sait pas se servir. Il faut que vous m'appreniez à lire ce livre et à le comprendre ; sans cela, à quoi me servira d'en être possesseur ?

Mais la Dame Blanche continuait à disparaître. Ce n'était déjà plus qu'un léger nuage, tel que ceux que

l'imagination aime quelquefois à revêtir de la forme humaine, et elle était tout-à-fait invisible quand elle prononça ces mots :

L'heureux droit de tracer ces sacrés caractères
Ne nous appartient pas.
Nous ne partageons point, hélas!
Des fils d'Adam les droits héréditaires.
Un autre guide t'instruira :
Travaille avec courage, et le ciel t'aidera.

Non-seulement les yeux d'Halbert cherchaient en
vain l'être qui lui parlait ainsi, mais la voix même s'af-
faiblissait à chaque vers, comme dans un lointain.

Ce fut en ce moment qu'il sentit toute la terreur qu'il
avait combattue. La nécessité de faire des efforts sur lui-
même lui en avait donné la force ; et si la présence de
cet être mystérieux lui offrait un sujet de crainte, il y
attachait aussi une idée de protection. Ce fut lorsqu'il
put réfléchir de sang-froid sur ce qui venait de lui arriver, qu'une sueur froide tomba de son front, et qu'il
jeta autour de lui un regard craintif, de peur qu'une
vision plus effrayante que la première ne s'offrît à ses
yeux. Un vent léger qui s'éleva en ce moment, réalisa
l'idée bizarre, mais belle, de celui de nos poètes modernes qui a l'imagination la plus brillante (1) :

« — Ce vent caressait ses joues et soulevait ses che-
» veux, comme au printemps une brise joue avec l'herbe
» des prés ; ce souffle réveillait ses craintes, et en même
» temps lui semblait un murmure plein de douceur. »

Halbert resta surpris et muet pendant quelques
minutes. Il lui semblait que cette brise légère allait

(1) Coleridge. — Éd.

apporter encore l'être extraordinaire qu'il venait de voir, cet être à la fois propice et inspirant la crainte.

— Parlez, s'écria-t-il en étendant les bras : montrez-vous encore à moi, aimable vision. Je vous ai déjà vue deux fois, et cependant l'idée de votre présence fait battre mon cœur plus vite que si la terre s'entr'ouvrait pour vomir un démon.

Rien n'annonça pourtant que la Dame Blanche l'écoutât ou l'entendît, et rien de ce qui l'environnait n'avait une apparence surnaturelle. Il jeta encore un coup d'œil autour de lui, et descendit le long du ravin pour rentrer dans la vallée.

Rien ne pouvait offrir un contraste plus frappant que l'espèce de fureur aveugle avec laquelle il avait couru à travers les rochers et les précipices pour arriver plus vite à *Corrie nan Shian*, et la calme prudence avec laquelle il retourna chez lui, cherchant avec soin les meilleurs sentiers, non-seulement pour éviter les passages dangereux, mais pour pouvoir réfléchir avec moins de distraction à la scène extraordinaire dans laquelle il venait d'être témoin et acteur. Le matin, il s'était abandonné aux mouvemens impétueux des passions qui l'agitaient; il avait cherché, à tous risques, à bannir de son esprit le souvenir de ce qui s'était passé à la tour : en s'en retournant, il ne faisait plus qu'une promenade pour se livrer à ses méditations, et il cherchait à éviter tout ce qui pourrait les interrompre. Ce fut ainsi que, marchant en pèlerin plutôt qu'en chasseur, Halbert arriva à la tour de Glendearg à la chute du jour.

FIN DU TOME PREMIER DU MONASTÈRE.

ŒUVRES COMPLÈTES

DE
SIR WALTER SCOTT.

Cette édition sera précédée d'une notice historique et littéraire sur l'auteur et ses écrits. Elle formera soixante-douze volumes in-dix-huit, imprimés en caractères neufs de la fonderie de Firmin Didot, sur papier jésus vélin superfin satiné; ornés de 72 *gravures en taille-douce* d'après les dessins d'Alex. Desenne; de 72 *vues* ou *vignettes* d'après les dessins de Finden, Heath, Westall, Alfred et Tony Johannot, etc., exécutées par les meilleurs artistes français et anglais; de 30 *cartes géographiques* destinées spécialement à chaque ouvrage; d'une *carte générale de l'Écosse,* et d'un *fac-simile* d'une lettre de Sir Walter Scott, adressée à M. Defauconpret, traducteur de ses œuvres.

CONDITIONS DE LA SOUSCRIPTION.

Les 72 volumes in-18 paraîtront par livraisons de 3 volumes de mois en mois; chaque volume sera orné d'une *gravure en taille-douce* et d'un titre gravé, avec une *vue* ou *vignette*, et chaque livraison sera accompagnée d'une ou deux *cartes géographiques.*

Les *planches* seront réunies en un cahier séparé formant *atlas.*

Le prix de la livraison, pour les souscripteurs, est de 12 fr. et de 25 fr. avec les gravures avant la lettre.

Depuis la publication de la 3ᵉ livraison, les prix sont portés à 15 fr. et à 30 fr.

ON NE PAIE RIEN D'AVANCE.

Pour être souscripteur il suffit de se faire inscrire à Paris

Chez les Éditeurs :

A. SAUTELET ET Cᵒ,	CHARLES GOSSELIN, LIBRAIRE
LIBRAIRES,	DE S. A. R. M. LE D¹ C DE BORDEAUX,
Place de la Bourse.	Rue St.-Germain-des-Prés, n. 9.